元防衛大臣・元外務大臣・
元ワクチン大臣・現デジタル大臣の

河野太郎に訴えられました

現職大臣が一般人を民事の
名誉棄損で訴えるのは史上初?!

くつざわ

RIGHTING BOOKS

■目次

はじめに

わたくし、くつざわは、河野太郎大臣に訴えられました。ブログに「河野一族は中共の犬」と書いたことなどで、名誉棄損で訴えられたのです。

河野太郎は、現役の国務大臣であり、しかも令和5年の自民党総裁選では決戦まで昇りつめたベテラン衆議院議員です。総裁選の決戦で岸田文雄氏に勝っていましたら、河野太郎は、現在、総理大臣であります。

これまで大臣が一般人を名誉棄損で訴えた例はありません。明言できます。自身でもちろん調べましたが、インターネットで呼び掛けましたり、弁護士に尋ねたりいたしましたところ、一件も見つかりませんでした。過去に野党の国会議員（小西洋之参議）が一般人を名誉棄損で訴えた件がありましたけれども、やはり大臣による訴えは異例であります。

訴えられた理由に、ブログに「河野一族は中共の犬」と書いたことなどが挙げられています。

当該ブログは、訴訟されるに至る2年も前、令和3年に書いた閲覧数の少ない弱小記事であります。

令和5年12月26日、年の瀬に訴状が届きました。東京地方裁判所からの特別送達です。

訴状が届いた状況などにつきましては後述いたします。

ブログ ― 内容証明 ― 訴訟 の流れです。

第1章 内容証明が届きました

内容証明が届きました

訴状が届く前に、河野太郎側から届いた内容証明についてお話しいたします。

令和5年11月8日に、突然、河野太郎の代理人 春日法律事務所から内容証明が届きました。

内容証明は次のような記述でした。（原文のまま抜粋）

冠省　当職らは、衆議院議員河野太郎氏（以下「通知人」といいます。）を代理して貴殿に対して通知します。

第1　削除・謝罪要求

1、削除要求

イチニ株式会社の運営するインターネットサイト「選挙ドットコム」

内にある貴殿のブログサイト「くつざわ亮治ブログ」（以下「本件ブログ」といいます。）において、貴殿が、２０２１年9月２０日に投稿した「河野太郎は一族ぐるみ中国共産党に飼われていました、はい試合終了２０２１０９２０」と題する記事（下記ＵＲＬ参照、以下「本件投稿」といいます）の削除を請求します。

つきましては、２０２３年１１月１０日までに、本件投稿を削除してください。

記

ＵＲＬ :https://go2senkyo.com/seijika/165194/posts/303109

2、謝罪要求

貴殿がユーザー名 @mk00350 として登録しているＳＮＳ「Ｘ」（旧Twitter）のアカウント及び本件ブログに投稿する方法により、

①貴殿の本件投稿は虚偽である旨を公表すること及び
②虚偽内容の表現
をさも真実であるかのように公表し、通知人の名誉を棄損したことに対して謝罪してください。

第2　請求理由
1、貴殿の行為
貴殿は、2021年9月20日、本件ブログにおいて本件投稿を行い、これは2023年11月2日現在も不特定多数のインターネット利用者に閲覧可能な状態です。

記

「河野一族は中共の犬でした！お疲れ様でした！」「洋平が実質オーナーで太郎の実弟の二郎が社長を務める日本端子株式会社（年商120億円）の中国子会

社、北京日端有限公司６０％、京東方科技集団股分有限公司４０％出資の合資会社」「つまり中共４割と」「日本端子株式会社はソーラーパネルの周辺機器を作っている模様」「ソーラーパネルに使われる多結晶シリコンを製造する大手企業がウイグル地区に5社あり、製品の９５％がウイグル人の奴隷労働で生産されている疑いあり」「河野一族の手はウイグル人の血で真っ赤ですわ」「こいつらに必ずバチが当たりますように」

2、通知人の社会的評価の低下

本件投稿は、以下のとおり衆議院議員であり防衛大臣、デジタル大臣を歴任している通知人の社会的評価を著しく低下させることは明白です。すなわち、日本端子株式会社はソーラーパネルの周辺機器を作って多大な利益を得ている事実はないにもかかわらず、本件投稿は、読者に対して、同社があたかもソーラーパネルの周辺機器を作って多大な利益を得ており、その利益がウイグル人の多大な犠牲の上に成り立っている可能性が極めて高い旨を誤解させています。そのうえで、貴殿は、本件投稿のタイトルに「河野太郎」の氏名を用いるとともに日本端子株式会社通知人の父が実質オーナーであり弟が社長であることを併せて掲示して、通知人が河野一族の一員としてウイグル人の奴隷労働によって利益を得ているとの誤解を与え、さらに河野一族を「中共の犬」と評し、これらにより通知人が政治家として中国共産党の手下として、その利益のために政治活動を行うかのように誤解させるものです。

本件については当職らがすべて受任していますので、連絡等があるときは当職ら宛として下さい。

草々

河野太郎代理人弁護士から届いた内容証明

２０２３（令和5）年１１月２日

〒170-0005
東京都豊島区南大塚２－１１－１０－３階
沓　澤　亮　治　殿

[redacted]

通知人　　　　　河　野　太　郎

[redacted]

通知書

冠省　当職らは、衆議院議員河野太郎氏（以下「通知人」といいます。）を代理して貴殿に対して通知します。

第１　削除・謝罪請求

１、削除請求

イチニ株式会社の運営するインターネットサイト「選挙ドットコム」内にある貴殿のブログサイト「くつざわ亮治ブログ」（以下「本件ブログ」といいます。）において、貴殿が、２０２１年９月２０日に投稿した「河野太郎は一族ぐるみ中国共産党に飼われてました、はい試合終了 20210920」と題する記事（下記ＵＲＬ参照、以下「本件投稿」といいます）の削除を請求します。

つきましては、２０２３年１１月１０日までに、本件投稿を削除してください。

記

ＵＲＬ: https://go2senkyo.com/seijika/165194/posts/303109

２、謝罪請求

貴殿がユーザー名@mk00350として登録しているSNS「X」（旧 Twitter）のアカウント及び本件ブログに投稿する方法により、

①貴殿の本件投稿は虚偽である旨を公表すること及び②虚偽内容の表現をさも真実であるかのように

公表し、通知人の名誉を棄損したことに対して謝罪してください。

第２　請求理由

１、貴殿の行為

貴殿は、２０２１年9月２０日、本件ブログにおいて本件投稿を行い、これは２０２３年１１月２日現在も不特定多数のインターネット利用者に閲覧可能な状態です。

記

「河野一族は中共の犬でした！お疲れ様でした！」「洋平が実質オーナーで太郎の実弟の二郎が社長を務める日本端子株式会社（年商 120 億円）の中国子会社、北京日端有限公司は日本端子 60%、京東方科技集団股分有限公司 40%出資の合資会社」「つまり中共４割と」「日本端子株式会社はソーラーパネルの周辺機器を作ってる模様」「ソーラーパネルに使われる多結晶シリコンを製造する大手企業がウイグル地区に５社あり、製品の 95%がウイグル人の奴隷労働で生産されている疑いあり」「河野一族の手はウイグル人の血で真っ赤ですわ」「こいつらに必ずバチが当たりますように」

２、通知人の社会的評価の低下

本件投稿は、以下のとおり衆議院議員であり防衛大臣、デジタル大臣を歴任している通知人の社会的評価を著しく低下させることは明白です。

すなわち、日本端子株式会社はソーラーパネルの周辺機器を作って多大な利益を得ている事実はないにもかかわらず、本件投稿は、読者に対して、同社があたかもソーラーパネルの周辺機器を作って多大な利益を得ており、その利益がウイグル人の多大な犠牲の上に成り立っている可能性が極めて高い旨を誤解させています。そのうえで、貴殿は、本件投稿のタイトルに「河野太郎」の氏名を用いるとともに日本端子株式会社が通知人の父が実質オーナーであり弟が社長であることを併せて提示して、通知人が河野一族の一員としてウイグル人の奴隷労働によって利益を得ているとの誤解を与え、さらに河野一族を「中共の犬」と評し、これらにより通知人が政治家として中国共産党の手下として、その利益のために政治活動を行うかのように誤解させるものです。

本件については当職らがすべて受任していますので、連絡等があるときは当職ら宛として下さい。

草々

受取人　　　〒170-0005
東京都豊島区南大塚２ー１１ー１０３階

沓澤　亮治殿

郵便認証司
5. 11. 2

この郵便物は令和　5年１１月　2日
第13383237442号書留内容証明郵便物
として差し出したことを証明します。
日本郵便株式会社
受付通番：G00780744000100001 号

新東京
5. 11. 2
12-18

河野太郎側からの内容証明、つっこみどころ満載です。

ブログの削除だけでなく「謝罪」まで求めてきていました。

指摘が誤っている等、多々ありますが、訴訟で明らかにしていきたいと思いますので、ここでは割愛させて頂きます。


もし偶然にこの本を手に取られて、あの河野太郎さんが？ そんな人？と疑問を持たれた方がいらっしゃいましたら、ちょっとグーグルで「河野太郎 中国」くらいのワードで検索してみてください。

無限なくらい、ヒットします。河野一族が中共の犬、であると思わざるを得ない記事、書籍……。


そしてわたくしは、令和5年11月18日、顧問でありますす荒木田修弁護士から河野太郎の代理人弁護士宛てに内容証明で回答を送って頂きました。

内容は次の通りです。

１　沓澤亮治氏の説明によりますと、

（１）貴通知書ご指摘の「投稿」内容は、いずれも真実であるから削除しないし、謝罪する意思もない。

（２）この投稿を名誉棄損だとして河野太郎氏が提訴してきたときは応訴するとのことです。

２　ご意向に沿えないことは遺憾ですが、上記の次第です。ご理解くださ い。

当方弁護士から河野太郎の弁護士への回答書

回答書

令和５年１１月１５日

[redacted]

荒木田修法律事務所

弁護士　荒木田　修

[redacted]

前略　小職は

東京都豊島区南大塚２－１１－１０－３階

沓澤亮治氏

の委任を受け、貴職らの同氏宛令和５年１１月２日付通知書に対し、遅ればせながら、下記のとおり回答申し上げます。

記

１　沓澤亮治氏の説明によりますと、

（１）貴通知書ご指摘の「投稿」内容は、いずれも真実であるから削除しないし、謝罪する意思もない。

（２）この投稿を名誉棄損だとして河野太郎氏が提訴してきたときは応訴する

とのことです。

2　ご意向に沿えないことは遺憾ですが、上記の次第です。ご理解ください。

草々

実はこの時点では、わたくしも顧問弁護士さんも、これで一件落着と思っていたのです。

ブログ記事が真実であることに自信がありますし、そもそも現役大臣が一般人の言論を名誉棄損で訴える、など有り得ないことですし。

しかしながら、まさかの……年末

令和５年１２月２６日、河野太郎側から訴状が届きました。

第２章　訴状が届きました

訴状

副本

訴　　　　　　　　状

２０２３（令和５）年１２月６日

東京地方裁判所民事部　御中

原告訴訟代理人弁護士　　春　日　秀　文

別紙当事者目録記載のとおり

損害賠償等請求事件

訴訟物の価格　金２２０万円

貼用印紙額　　金１万６０００円

請　求　の　趣　旨

１　被告は、別紙投稿記事目録記載の投稿を削除せよ。

２　被告は、原告に対し、金２２０万円及びこれに対する２０２１（令和３）年９月２０日から支払い済みまで、年３分の割合による金員を支払え。

３　訴訟費用は被告の負担とする。

との判決並びに請求第２項について仮執行の宣言を求める。

請　求　の　原　因

第１　当事者

１　原告

原告は、衆議院議員であり、別紙投稿記事目録記載の投稿（以下「本件投稿」という。）当時は新型コロナウイルス感染症ワクチン接種担当大臣を務め、現在はデジタル大臣の職に在る者である。

２　被告

第１回口頭弁論期日呼出状及び答弁催告状

〒167-0032
東京都豊島区南大塚２－１１－１０－３階

沓澤亮治　様

P0111001230185951

事件番号　令和５年（ワ）第３１７６４号
損害賠償等請求事件
原告　河野太郎
被告　沓澤亮治

第１回口頭弁論期日呼出状及び答弁書催告状

令和５年１２月２２日

被告　沓澤亮治　様

〒100-8920
東京都千代田区霞が関１－１－４
東京地方裁判所民事第４３部Ｎ４係
裁判所書記官　出　口　穂　乃
電話 03-3581-6331
FAX 03-3580-5806

原告から訴状が提出されました。

当裁判所に出頭する期日が下記のとおり定められましたので、同期日に出頭してください。

なお、訴状を送達しますので、下記答弁書提出期限までに答弁書を提出してください。

記

期　　　日	令和６年１月２２日（月）午後１時２０分 口頭弁論期日
出頭場所	６１２号法廷（６階）
答弁書提出期限	令和６年１月１５日（月）

出頭の際は、この呼出状を法廷で示してください。

届いた訴状をすぐに顧問の荒木田弁護士に転送しました。

年末、世間は仕事納め直前、気忙しい時期でした。

答弁書の提出期日が年明けの1月15日でしたので、年末年始を除きますと、準備できる日数は賞味1週間ほどしかありません。

わたくしは年中無休ですが、年末年始を挟みとにかく時間がなく、荒木田先生を煩わせてしまい、慌ただしかったのを覚えています。

たまたまわたくしは、別件で、荒木田先生とご相談させて頂いておりましたので、すぐに依頼し受けて頂くことが出来ましたが、会社員、自営業など一般人の方が、突然訴えられたらどうでしょうか。

殆どの人は、弁護士さんとの関わりがないと思いますから、弁護士さん探しから始めなければならないのです。さらにこれは年末でした。通常よりも弁護士さんをゼロから見つけることは非常に困難な時期でした。

費用の面で、途方に暮れる気持ちになるかもしれません。幸いわたくしは、皆様から温かいご支援をいただくことができましたので、費用の不安を払拭することができました。この場をお借りして改めて感謝申し上げます。

また、平日に弁護士さんとの打ち合わせの時間を捻出するのは、現実に困難であるということができます。

申すまでもなく、訴訟されて放置は、ただ負けることになりますので、動かざるを得ません。弁護士さん探し、費用、時間……本来必要なかったことばかりの、余計な負担が強いられるのです。

荒木田修弁護士

強い味方であります、河野太郎裁判の代理人弁護士を快くお受けくださった荒木田修先生をご紹介させて頂きます。

荒木田修法律事務所　荒木田修弁護士

- 昭和１９年生まれ。慶應義塾大学法学部卒業。
- 昭和５３年 弁護士登録（第2東京弁護士会）
- 一般社団法人メディア報道研究政策センター理事
- 新しい歴史教科書をつくる会理事
- 憲法改正発議研究会メンバー
- 一般社団法人国際歴史論戦研究所顧問
- 朝日新聞を糺す国民会議メンバー
- 公益財団法人日本テニス協会 公益法人化対策委員ほか各種委員を歴任
- ＮＨＫ集団訴訟、朝日新聞２万人訴訟の原告側弁護団

・フジ住宅訴訟、ブルーリボン訴訟原告側弁護団
・慰安婦問題に関する裁判なども担当

所謂、保守系の主な裁判の殆どに携わっておられる、実務経験も豊富な大ベテランいらっしゃいます。

わたくしは荒木田弁護士と御縁を頂けましたこと、たいへん幸運でした。

感謝申し上げます。

荒木田修弁護士

この時点ではまだ、第1回口頭弁論の期日は、令和6年1月22日の予定となっていました。

後日、期日が変更となります。

裁判自体、異例の展開となっていきます。

訴状が届いた翌日の12月27日、X（旧Twitter）で、次のように発信しました。

同時に、裁判費用につきまして皆様にご協力をお願いしました。

Xのポスト２０２４年１２月２７日

https://x.gd/LTZll

「河野一族は中国共産党の犬」などとブログに書いたら河野太郎大臣に訴えられました。法廷闘争の費用をご支援いただけましたら幸いです。宜しくお願いいたします。

三菱ＵＦＪ銀行・ゆうちょ銀行

https://form1ssl.fc2.com/form/?id=2df4f487ccee7f31

クレジットカード
https://go2senkyo.com/seijika/165194

このポストは、269万インプレッション（閲覧）されました。

たくさんの方々から励まし、驚きの声を頂きました。

もえるあじあさん、保守速報さん、ShareNewsJapanさん、カッパえんちょーさん、ゆるパンダさん、カピバラチャンネルさん、大勢のインフルエンサーの方々に取り上げて頂きました。

この場をお借りして改めて御礼申し上げます。


このポストについて、皆様から寄せられたコメントをご紹介いたします。

・本当のことを言われて訴えるとか、金のある人はやることが違いますよね。

金で握りつぶそうってのか見え見えですよ…。

・47の工作員のブロック太郎に負けないでください!!

・自民党員ですが、もうこれ以上は支持できない。クツザワさんを支持します。

・ブロック太郎なんかに負けないで下さい。

（※Xで、河野太郎に対して質問や批判等をする一般人をブロックしまくっていますので、河野太郎はブロック太郎とも呼ばれています。）

・中国の犬に負けないで下さい！ あいつ、売国奴なんで嫌いです。

・事実を言っただけで役人が国民を訴えるなど許せません。言論統制に負けないでください。

・河野太郎の屑を総理大臣にしない為にも、中国共産党の飼い犬の河野一族を倒す為、微力ですが協力させて頂きます。

・国会議員だったら議論で打ち負かせばいいのにいきなり訴えるとは。

・河野太郎の一般人への言論弾圧に負けずに頑張りましょう

・一審で負けても最高裁まで頑張って下さい。

・河野は公人として小物だから訴えたw

・利権まみれのボンボンに負けるな！

・公権力を振りかざす者が言論の自由を無視して提訴？

・国民の敵との正義の戦い応援いたします

・本来日本を守るのが政治家の仕事、それなのに逆に売国、日本人の衰退を企てるような者が、我々日本人の為に動いている人を攻撃するなんて許せない。

・河野太郎大臣は犬ではなく傀儡と言ってあげた方が悦んだかもしれませんね。

・権力と財力を使っての一般国民潰し… 納得できません！

・私も河野には腐ったリンゴは中国産だそうですってコメントしたらブロックされました。

・たったその一言だけでブロック…。コオロギ太郎は、絶対に首相にしてはならないことを、自ら証明していますね

（※河野太郎はコオロギ食を推進したことで、コオロギ太郎とも呼ばれています。）

・本当のことを指摘されたのが痛かったのでしょうか。

・河野議員って何なんでしょう？
こんなの自ら【シ○政府と繋がってる】と表明してるのと同じですよね

・独裁者は言論弾圧に走りますね～

・明らかなスラップ訴訟

・自分も同じ様に思っていました。そう国民に思われるようなタロウがいけないんじゃ？言論弾圧ですね

・タローの肝っ玉の小さいこと。

・本当の事書かれて、いきなり訴えてくるのは、相当な核心突かれてヤバイからでしょっ。

・事実だもんな。。。河野のやつ、都合悪かったんかな

・中国利権で売国奴の大臣の事ですか

・ホントのことなのにねぇ〜ッ

・だって中国のポチじゃん。

・画像で出回ってる王毅氏に対する態度と役人に対する態度の違いを説明しないが故の表現だったのかな?って思いました。

・だって本当のことじゃん

河野一族は、反日だし愛国者でもなんでもないわ
デマはひどいし恫喝すぐするし、言いたいことといくらでもあるわよ…

・本当に訴えたのかよ馬鹿河野太郎ｗ

・余程余裕ないんだろうな…
安倍さんなんてもっとボロクソ言われてたのに

・間違った事書いてないのに！

・事実、真実だしね笑笑
コオロギ研究所、潰れたとかでホッとしています。

・強権的でエキセントリックで左翼グローバリストの河野太郎を跳ね除けてください。

・ケツの穴の小さい言論弾圧コオロギ太郎に負けるな～

・河野太郎大臣は国会議員なのだから 国会の場で潔白を証明しないからいろいろと怪しい

・私は日本の犬です。 あなたは支那の犬です。 ただそれだけなのに何の訴訟ですか？

・「犬」 なんて書いたから怒らせたんでは？
そこは中国共産党の忠実な僕とかなら 本人もまんざらでもなかったのかも？

・コイツは政治家失格

・これこそ言論の弾圧ではないかと思います！

・事実は誹謗中傷にあたらないはずなのに河野って何なんだろな。代議士って国民の上にたってるとか勘違いしてるのかな?

(すべてのコメントを挙げさせて頂きたいのですが、紙面の都合上もあり割愛させて頂きます。申し訳ありません。)

本当にたくさんの方々から応援、励ましの声を頂きました。
裁判のために温かいご支援も頂きました。
とても励みになり、勇気づけられました。皆様、ありがとうございました。

SNSでは通常、考えが異なる、気に入らない、などの理由で、アンチが湧いてくることがしばしばあります。

動画の場合は、それが図星であって内容そのものには反論できないようなときは、くつざわの「声がキモい」「顔がきらい」など、本旨ではないところを誹謗中傷してきます。

ですが、河野太郎のこの件では、アンチコメントは皆無といっていいくらいでした。なぜか叩かれないのです。

河野太郎といえば、ネットでは、ＳＮＳブロックで言論弾圧、コオロギ食推進、ワクチン推奨、イージスアショア中止、官僚を恫喝、質問等から逃げる、父洋平の河野談話……挙げたら切りがありません。

この人ぐらい全方位に嫌われている政治家もめずらしいなと思います（笑）。

訴えられた元ブログ（河野側からの証拠 甲1号証）

河野太郎に訴えられた元である、わたくしが書いたブログ記事はこちらです。

２０２１年（令和３年）９月２０日に、選挙ドットコム内でブログ記事を上げました。

思い返しますと、２０２１年9月はわたくし自身ハードな事柄が続いた月でありました。１日に豊島区議会で懲罰委員会に掛けられ、１４日は肺癌ステージⅢＢと告知された日でした。（肺癌は切除手術し現在経過観察中です。）

懲罰委員会に至った理由は、本会議で日本共産党の「違法タスキ問題」を指摘した際、日本共産党に対し無礼な発言があったというものでした。わたくしは事実を述べたに過ぎない自負がありましたので、懲罰委員会で説明、反論し、結果お咎めなしとなりました。

日本共産党による「言論弾圧」「言葉狩り」を目の当たりにしましたが、当該河野太郎訴訟は、其れと非常に似ている、重なるところが多いように感じております。

「河野太郎は一族ぐるみ中国共産党に飼われてました、はい試合終了」20210920

https://go2senkyo.com/seijika/165194/posts/303109

河野一族は中共の犬でした！お疲れ様でした！
洋平が実質オーナーで太郎の実弟の二郎が社長を務める日本端子株式会社（年商120億円）の中国子会社、北京日端有限公司は日本端子60％、京東方科技集団股分有限公司40％出資の合資会社京東の責任者の陳炎順は今年6月に全国優秀党員に選ばれたエリート共産党員だった
つまり中共4割と

ネットの反応

・ズブズブやんか
・ヤバいでしょ
・終わりや・・
・日本端子はホームページ消したから真っ黒で確定
・完全に買収されていた
・中共の犬が総理になるんか
・これは試合終了でしょ
・中共の犬政権を誕生させていいの？
・なるほどね、だから敵基地攻撃嫌がるのか
・河野一族アウトでしょ
・石破と小泉と一緒に沈んでくれねーか
・野党よりマシ？笑わせんな

日本端子株式会社はソーラーパネルの周辺機器を作ってる模様
ソーラーパネルに使われる多結晶シリコンを製造する大手企業がウイグル地区に５社

あり、製品の95%がウイグル人の奴隷労働で生産されている疑いあり
河野一族の手はウイグル人の血で真っ赤ですわ
こいつらに必ずバチが当たりますように

テレビ討論で馬鹿太郎
「勇ましい掛け声をかければいいというものではない。敵基地なんとか能力みたいなものはかえって不安定化させる要因。やれやれと言う人を喜ばせるだけの議論」
徹底的に敵基地能力を否定し中共を擁護
そりゃそうだ、一族ぐるみの飼い主だし
高市総理「勇ましいとかやれやれという話ではない。日本国民の命と領土を守る為に当然必要な事」と猛反論、漢だわ

ネットの反応
・尻尾出したな
・マヌケは見つかった様だな

・他の国はどこでも持ってるわけだが？
・河野が陸上イージスを止めたわけだが
・めちゃくちゃ苦労して進んだイージス・アショアの話を河野が一瞬でオジャンにして激怒しとったなヒゲ隊長
・敵基地攻撃しなくても防御できるならその方法を言え馬鹿太郎
・今のミサイルの威力からして基地を攻撃しないとどうにもならないだろ
・省持ち大臣から省無し大臣に落とされた評価の低さは伊達じゃない
・あっと言う間にメッキ剥げ太郎

そういえばあった、陸上イージス謎の突然独断計画中止事件
もはや犬っつうよりスパイと呼べるレベル
高市さんが手を挙げてなかったらと思うとゾッとする

同じくソーラー発電会社とズブズブ、その縁で馬鹿太郎を応援することになったのか
こちらも馬鹿の王道を行く小泉進次郎

記者「河野氏のどういった政策が党風一新と感じるか？」
馬鹿次郎「私は河野太郎自身が党風一新だと思っています」
記事「会場に微妙な空気が流れた」

ネットの反応

・馬鹿は黙ってろ
・考えるな感じろ
・よかった無能で
・もしかしたら河野の評価を下げるための草なのでは
・党風一新どころか国が吹き飛ぶ
・細かいことはポエムで押し通す方針
・河野石破小泉全員世襲議員でゴリゴリの既得権益側
・3代の世襲議員のどこに一新要素があるんだ？
・こいつも太郎と一緒に沈むんじゃないか

これでいいのだ～
河野石破小泉の３ショットが鳩山小沢直人とかぶってしかたがないす
これでいろいろ露わになって自民党の膿出し進むとええですな
高市総理、こいつらに腹一杯冷や飯食わせてあげてください

証拠 甲１号証

甲第 / 号証

くつざわ 亮治 ブログ

河野太郎は一族ぐるみ中国共産党に飼われてました、はい試合終了 20210920

2021/9/20

クリックでブログランキンにご協力ください！是非！

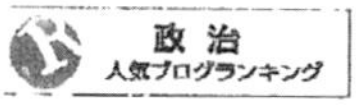

カルピスを思い通りの濃さで何杯でも飲める喜び、しかも予備も買ってある

飲みだしてから乳酸菌の力で腹の調子が良好

原液で飲む強者もいるらしいですね、むせそう

今ではオレンジ、りんご、梨、レモン、ぶどう、バナナ味も存在、私はプレーン1本ですが

レギュラーコーヒーを何杯でも飲める喜び、予備あり

22時のテレホーダイとか待たなくてネット仕放題の喜び、ADSLってどこ行った

河野一族は中共の犬でした！お疲れ様でした！

洋平が実質オーナーで太郎の実弟の二郎が社長を務める日本端子株式会社（年商120億円）の中国子会社、北京日端有限公司は日本端子60%、京東方科技集団股分有限公司40%出資

くつざわ 亮治

クツザワ リョウジ／56歳／男

くつざわ亮治トップページへ

寄付して応援する

「くつざわ 亮治」をご支援いただける方は、是非個人献金をお願い申し上げます。
※選挙ドットコム会員登録（無料）が必要です。

月別

2023年12月
2023年11月
2023年10月
2023年9月
2023年8月
2023年7月
2023年6月
2023年5月
2023年4月
2023年3月
2023年2月
2023年1月
2022年
2021年
2020年

坂東忠信さん

元警視庁で中国人犯罪の捜査活動に従事され、中国に非常に詳しい坂東忠信さんに、河野太郎訴訟の件でご相談しましたら、一昨年（令和4年）に出版された著書『スパイ』（青林堂）で、河野一族の取得した特許その他諸々、既に詳しく書いています、と教えてくださいました。

ありがたく資料として提出させて頂きます。

現デジタル大臣が著書『スパイ』に取り上げられるとは爆笑、いやまったく笑えない話です。

非常に濃く読み応えある内容の著書ですので、是非お手に取られることをお勧めいたします。

第3章 口頭弁論（現在4回すべて非公開）

令和6年1月22日に予定されていた第1回口頭弁論は、中止になりました。

中止の理由は次の通りです。

当初、担当した裁判官は、原告「河野太郎」が大臣の、あの河野太郎であることに気づかなかったようです。

ですので、通常の1名の裁判官による、民事訴訟、名誉棄損の損害賠償事件が行なわれる予定でした。

なんらかで「河野太郎」に気づき、慌てた裁判所は、裁判官1名のノーマルな裁判から、急遽、裁判官3名合議への格上げ?、豪華版へ変更したのです。

変更に伴い、口頭弁論の期日も延期されました。

この程度の（軽い）名誉棄損裁判で3名合議制、大げさですよね。

異例であります。

■令和６年２月１４日当方の準備書面（１）

令和５年(ワ)第31764号 損害賠償等請求事件
原　告　　河　野　太　郎
被　告　　沓　澤　亮　治

準　備　書　面(1)

令和6年2月14日

東京地方裁判所民事第43部合B1係 御中

被告訴訟代理人弁護士 荒　木　田　　修

被告は、請求の原因に対し、下記のとおり認否する。

記

1 「第1 当事者」について
認める。

2 「第2 不法行為に基づく損害賠償請求」について
(1) 「1 被告の行為」を認める
(2) 「2 本件投稿による人格権侵害」について
(1)のアを認める。イのうち、(ア)前文の「名誉を侵害した」を争い、その余を認め、(イ)は「誤解(させる、を生じる)」を否認し、その余を認める。誤解させるのではなく、むしろ、正しい認識を広めているのである。次に(ウ)についてである。本件投稿こそ国益に資するものである。Xのフォロワーが約15万7000人で、YouTubeのそれが約11万4000人で転倒している。実際の視聴者、閲読者はフォロワーを超えない。実際は約2000人である。よって、その「想定」は否認する。ウについてであるが、そもそも、被告は、本件投稿で「日本端子株式会社が多結晶シリコンという製品を取り扱っている」とも「同製品をウイグル人に生産させている」とも言っていない。被告が言ってもいないことについて「真実に反する」も何もない。エは否認する。
(2)のアについてであるが、原告の指摘する表現は、いずれも被告以外の他人の表現であり、被告はこれを引用したに過ぎない。イのうち、(ア)についてであるが、原告は「侮辱表現」とするが、これは公職にある原告に対する正当な批判である。原告を含む河野一族が中国共産党の政策に共鳴した活動を行う一族ではないかとの認識・危惧は広く共有されている。次に(イ)であるが、本件表現が「特に悪質」ということはない。ウは否認する。

(3) 「8 損害」について

(1)の無形損害についてであるが、第1ないし第3段落を認め、第4段落は不知、第5段落は認める(ただし、本件投稿時は一般人)。原告は、「その発信に際しては原告本人に対して取材を行うなどの誠実な『取材』に基づいて行うべきであった」などというが、被告はジャーナリストではなく、一民間人に過ぎないのに現職の国務大臣にどうやって「取材」せよというのであろうか。そもそもの不可能事をすべきであったと言っても無理というものである。被告は「取材」はしないものの、調査の上発信している(追って提出する乙各号証参照)。

(2)は不知。

(4) 「4 因果関係」について

(1)は争い、(2)は不知。

3 「人格権侵害差止請求」について

1は認め、2ないし4は争う。

4 「第4 まとめ」について

争う。

以上

■令和6年3月18日第1回口頭弁論（非公開）

（裁判官と双方の弁護士にて電話で行なわれました。）

■令和６年５月７日 当方の準備書面（２）

令和５年(ワ)第31764号 損害賠償等請求事件
原 告 河 野 太 郎
被 告 杳 澤 亮 治

準 備 書 面(2)

令和6年5月7日

東京地方裁判所民事第43部合B1係 御中

被告訴訟代理人弁護士 荒 木 田 修

1 （そもそも「構成要件該当性」がないこと） 原告は、要するに、被告が他人の言を借りて、原告を含む河野一族を「中共の犬」と投稿・批判したことが気に入らず、これを原告に対する名誉棄損だと主張するもののようである。

ところで、東京高裁は、去る3月13日、元TBS記者で著名なジャーナリストである山口敬之が衆議院議員大石晃子からSNSで「思い上がったクソ野郎」などと投稿されたことで880万円の損害賠償を求めた事件で、原審東京地裁はこの表現を「激しい侮辱で人身攻撃にあたるとして22万円を認容したものの、これを破棄し、同表現を「品性に欠けるが、最大限の侮辱表現とは言えない」として山口敬之の請求を棄却したという(乙第1号証)。

「思い上がったクソ野郎」といわれても侮辱表現にならないのに、「中共の犬」は侮辱表現になるだろうか。しかも、上記事案で訴えたのは民間人で、訴えられたのは衆議院議員であるところ、本訴はさかさまで、訴えたのが衆議院議員・現職の国務大臣で、訴えられたのは民間人である。奇態ではないか。

被告の投稿は、そもそも、名誉棄損に該らない。

2 （意見・論評の表明であること） 原告は、「犬」という言葉には、他人の秘密を嗅ぎまわって報告する者、スパイ等，何等かの組織に隷属して動く者という侮辱的な意味があると「犬」の語義を解釈している(訴状P4最終行〜P5最初の2行)。

つまり、「犬」とは動物としての犬ではなく、いわば抽象的な犬なのであるから、これは事実の適示ではなく意見・論評の表明ということになる。

3 （公共の利害に関する事実または意見・論評に係ること） 被告の表現が事実の適示であろうが意見・論評の表明であろうが、それにより不特定・多数の人(国民)の批判にさらすことが公共の利益増進に役立つと認められるのは明白であるから被告の表現は「公共の利害に関する」。

4 （「もっぱら公益を図る目的に出た場合」であること）被告の表現の動機が公益を図ることにあることは明らかである。私利私欲を追求するためでもなければ、嫌がらせ報復のためでもない。ひたすら、日本国と日本国民のため、次期内閣総理大臣の有力候補者の一人と目される原告に対する政治批判である。

5 （被告の表現が真実であること）（被告の事実適示ないし意見・論評が真実であること）被告の原告に関する表現の重要な部分が真実であることは、乙2号証以下により明らかである。

6 （少なくとも真実であると信じるにつき相当の理由があること）被告の表現は妄想などではない。確実な資料、根拠がある（乙第2号証以下）。

（以上）

■令和6年5月14日 第2回口頭弁論（非公開）

（裁判官と双方の弁護士にて電話で行なわれました。）

当方は、証拠証明説明書の一つとして、例の「クソ野郎は名誉棄損にあらず」高裁判決の記事を提出しました。（乙第1号証）

「思い上がったクソ野郎」と投稿、東京高裁「最大限の侮辱表現とは言えない」…名誉棄損認めず（読売新聞オンライン記事より）

この高裁判決につきまして、裁判官は知らなかったようですが、いたく興味を示したそうです。

荒木田先生は「思い上がったクソ野郎」と「中共の犬」との比照は相当考えさせるものがある、と感想を述べられていました。

また、次のようなやりとりがあったそうです。

河野側弁護士：河野太郎の本人尋問は不要であるから申請しない
当方弁護士：今まで数多くの名誉棄損裁判をやってきたが、原告本人尋問をしなかったことは一度もないと反論
裁判官：原告本人尋問しないでどうやって原告の精神的損害を証明するのかと反問
どうやら、河野太郎は出廷を拒んでいる、河野太郎を出廷させたくないことがわかりました。

■令和６年６月１４日 河野太郎側の準備書面（１）

令和５年（ワ）第３１７６４号　損害賠償等事件

原告　　　河野太郎

被告　　　沓澤亮治

準　備　書　面　（１）

２０２４（令和６）年６月１４日

東京地方裁判所民事第４３部合Ｂ１係　御中

原告訴訟代理人弁護士　　春　日　秀　文

同　　　　　　弁護士　　姫　井　菜　子

第１　被告準備書面（２）に対する認否

１　「１　そもそも「構成要件該当性」がないこと」について

令和６年３月１３日東京高裁判決の存在については認め、その余は争う。

被告は、同判決を挙げて、「中共の犬」との投稿が名誉毀損の構成要件に該らないと主張していると思われる。しかし、同判決は、「①一審原告による反訴は、Ａが著書や記者会見で一審原告から性被害を受けた旨を公表したことにつき、これを名誉毀損ないしプライバシー侵害の不法行為として訴えるものであること、②同反訴で一審原告が賠償を請求している金額は１億円を超えること、③同反訴は東京地方裁判所の前件第一審判決で全部棄却されたこと」という事実を前提とする。そして裁判所はそれらの事実を真実であると認定した。その上で、「思い上がったクソ野郎」との表現は人身攻撃に及ぶなど意見ないし論評としての域を逸脱したものであるとまではいえない旨を判断したものである。これに対して、本件は請求額が甚大なわけでもなく、しかも前提事実が真実であると認定されたわけでもない。かように本件とは事案が全く異なる。

2 「2 意見・論評の表明であること」について

「犬」という語義の解釈及びその表現が事実の摘示ではないことは認める。

原告は「中共の犬が総理になるんか」、「中共の犬政権を誕生させていいの？」、「もはや犬っつうよりスパイと呼べるレベル」という表現（以下「本件表現」という。）が原告の名誉感情を侵害する侮辱表現に該当すると主張しているのであって、名誉毀損の構成要件である事実の摘示であるとの主張はしていない。

3 「3 公共の利害に関する事実または意見・論評に係ること」について

争う。

本件表現の前後で摘示した事実が真実であればまだしも、本件投稿の摘示事実は真実に反するものであるから、本件表現そのものが公共の利益増進に役立つことはありえない。

4 「4 「もっぱら公益を図る目的に出た場合」であること」について

不知。

5 「5 被告の表現が真実であること」について

争う。

被告は、乙２号証から乙６号証を提出し、漠然と表現の重要部分が真実であると主張しており、真実性を証明しようとしている事実がどの摘示事実であるか判然としないが、いずれの事実についてもこれらの文献では真実であることの証明はできない。

6 「6 少なくとも真実であると信じるにつき相当の理由があること」について

争う。

被告の主張は、乙２号証から乙６号証の文献を根拠に、本件投稿で摘示した事実が真実であると信じたと主張しているものと思われるが、これらはいずれも被告による２０２１（令和３）年９月２０日投稿より後に出版された文献である。具体的には「スパイ」と題する書籍（乙２号証）は２０２２年４月４日（甲５号証）、「中国の脅威をつくった１０人の政治家」と題する書籍（乙３号証）は２０２３年１２月２日（甲６号証）、乙４号証から乙６号証はいずれも２０２４（令和６年）に発売されたものである。

投稿時に存在しない文献を読んで真実であると信じることはありえないから、真実と信じるにつき相当の理由があるとは認められない。

第２　原告の主張

１　本件表現について

被告は、本件投稿のうち、「犬」という文言を使用した本件表現の部分についてのみ、名誉毀損ないし侮辱表現にあたらないと反論しているようである。反論の根拠は定かではないが、１つは、本件表現がいずれも他人の表現を引用しただけであるからというもの（被告準備書面（１）の２（２））、もう１つは、「思いあがったクソ野郎」という表現について名誉毀損にあたらないとした東京高裁判決（被告準備書面（２）の１）の存在であると思われる。

１つ目については、他人の表現を引用しただけであるから、被告ではなく引用元の発言とみるべきであるとの主張であると推測されるが、仮に引用であったとしても、被告は本件表現に賛同する意思で引用していることは前後の投稿内容から明らかであり、被告の意思も併せて示した表現行為であるとみるべきである。この点については、何らのコメントも付加せず元ツイートをそのまま引用するリツイートについて、一般の閲読者をして投稿者が当該リツイートをした意図が理解できるような特段の事情が認められない限り、リツイートの投稿者が、自信のフォロワーに対し、当該元ツイートの内容に賛同する意思を示して行う表現行為と解するのが相当であるとして、リツイート者に対し名誉毀損を認めた裁判例がある（大阪地判令和元年９月１２日判時２４３４号４１頁）。

２つ目については、前記第１の１記載のとおり、当該裁判例の存在は、本件の構成要件該当性を左右しない。

2　本件表現以外の投稿について

被告が乙２号証から乙６号証を提出した目的は、本件投稿内容の真実性を証明することにあると推測されるため、念のため反論する。

訴状第２の２（１）ウに記載したとおり、日本端子株式会社が、多結晶シリコンという製品を取り扱っているという事実は過去も含めて一切なく、また、同製品をウイグル人に生産させているという事実はない。

多結晶シリコンについては、乙２号証の１４６頁に記載があるものの、同記載は、京東方科技集団に関するものであり、日本端子株式会社が多結晶シリコンという製品を取り扱っているという事実が真実であることを記載したものではない。

また、ウイグル人に生産させているという点についても、乙２号証に１４４頁及び１４６頁にウイグル人強制労働疑惑に関する言及はあるものの何ら根拠が示されておらず真実であることを証明するものではない。

以上

河野側の準備書面も、つっこみどころ満載でした。

これに反論した、当方弁護士さんの準備書面（３）は次の通りです。

令和６年６月１９日 当方側の準備書面（３）
（書類に令和６年５月１９日とありますが正しくは６月１９日です。）

令和５年(ワ)第31764号 損害賠償等請求事件
原　告　河　野　太　郎
被　告　沓　澤　亮　治

準　備　書　面(3)

令和6年5月19日

東京地方裁判所民事第43部合B1係　御中

被告訴訟代理人弁護士　荒　木　田　　修

原告の準備書面(1)に対し下記のとおり反論する。

記

1 (令和6年3月13日東京高等裁判所の判決について)原告は、この判決と本訴の場合とは、①訴額が甚大ではなく②前提事実が真実であると認定されたわけでもない、から「本件とは事案が全く異なる」という。

被告はこれを理解できない。それでは、原審の東京地裁は、上記①②にもかかわらず「思い上がったクソ野郎」発言につき、名誉棄損を認めて22万円の賠償を認めたことになるのかである。つまり、ここでの問題は、他人に対し公然と「思い上がったクソ野郎」との悪罵を投げつけたことを前提として、これが名誉権の侵害になるかということである。原告のいう「事案が全く異なる」ということではない。原審はこの発言を「激しい侮辱で人身攻撃に該る」とし、控訴審は「品性に欠けるが、最大限の侮辱表現とは言えない」と認定したということである。

それにしても、公党の共同代表である現職の衆議院議員が民間のジャーナリストに対し、公然「人を暴力で屈服させようという思い上がったクソ一野郎」と発言しても侮辱表現といえないのに、民間人が衆議院議員で現職の国務大臣にして次期内閣総理大臣の呼び声高い原告を「中共の犬」呼ばわりするなどずいぶんソフトな発言ではなかろうか。

2 (事実の適示ではないことについて)原告は「中共の犬」「中共の犬が総理になるんか」「中共の犬政権を誕生させていいの？」「もはや犬っつうよりスパイと呼べるレベル」などは「事実の摘示」ではなく意見・論評の表現であることを認めるようである。すると、あとは、これらの発言が最大限の侮辱表現で人身攻撃に該るかの問題になる。原告の地位に鑑み、自ずとその答えは明らかであろう。

3（原告のいう摘示事実とはどの事実か）「摘示事実」というとき、名誉棄損に該る摘示事実であろうが、原告が侮辱表現（単なる意見・論評）だという上記各表現のほかに名誉棄損を成立させるところの真実に反する摘示事実とは被告の発言中のどの部分であろうか。

「本件表現の前後で適示事実が真実であればまだしも」というが、原告は被告の摘示した事実の全部が真実ではないというのであろうか。

4（投稿時に存在しない文献のこと）投稿時に存在しない文献を読んで真実であると信じることはあり得ないとのこと、それはそのとおりである。当然、投稿時にも「文献」は存在した。追って、書証として提出する。乙2〜乙6は、原告指摘のとおり真実性の証明のためにできるだけ最新のものを提出したということである。

5（結晶シリコンのこと）原告は「日本端子株式会社が、多結晶シリコンという製品を取り扱っているという事実は過去を含めて一切なく、また、同製品をウイグルに生産させているという事実はない」という。

しかし、被告は同社が同製品を生産しているとは言っておらず、その周辺部品を生産していると言っている。そもそも、同社がウイグル人を使役して太陽光パネルのポリシコンを作っているということはない。被告は、中国の5社がウイグル人を使役して作らせていると述べているのである。

6（ウイグル人強制労働疑惑について）原告の主張を読むと、まるで中国共産党によるウイグル人強制労働疑惑はないかのような口吻で、何ら根拠がないという。

しかし、中国共産党が「ウイグル人」に対し何をしてきたかは、いわば公知の事実であって根拠はいくらである。

（以上）

河野側 ウイグル人強制労働疑惑を否定？

当方弁護士の指摘で驚くことがありました。

6（ウイグル人強制労働疑惑について）原告の主張を読むと、まるで中国共産党によるウイグル人強制労働疑惑はないかのような口吻で、何ら根拠がないという。しかし、中国共産党が「ウイグル人」に対し何をしてきたかは、いわば公知の事実であって根拠はいくらでもある。

ポリシコンを作っているということはない。被告は、中国の5社がウイグル人を使役して作らせていると述べているのである。

6 (ウイグル人強制労働疑惑について)原告の主張を読むと、まるで中国共産党によるウイグル人強制労働疑惑はないかのような口吻で、何ら根拠がないという。
　しかし、中国共産党が「ウイグル人」に対し何をしてきたかは、いわば公知の事実であって根拠はいくらでもある。

申すまでもなく、河野側の弁護士は、河野太郎を代理人であり、河野を代弁する立場です。

世界中で周知されているウイグル人強制労働、弾圧の事実の記事や書籍を数多く目にすることができます。おそらく現在、日本の中高生でも殆どの人が知っている常識だと思います。

外務大臣、防衛大臣も務め、総理候補であった河野太郎とその弁護士も、中国共産党によるウイグル人強制労働、弾圧を、まさかご存じないのでしょうか。知らないとしたら無知にもほどがありますし、とぼけるにしては悪質であると言えます。

参考としまして、以下にウイグル人弾圧についての資料などを挙げさせて頂きます。

●ウイグル人大量虐殺 ウィキペディア
https://x.gd/X6Brx

●「深刻な人権侵害」指摘　国連人権高等弁務官事務所ウイグル報告書で
産経新聞 WEB 2022/9/1 07:41
https://x.gd/4OgLs

●中国新疆で「深刻な人権侵害」国連が報告書
日本経済新聞 WEB 2022 年 9 月 1 日 10:32
https://x.gd/3dzy7

●米国労働省 国際労働局（米国政府の公式ウェブサイト）
彼らの意思に反して：新疆ウイグル自治区の状況
https://x.gd/DgpYM

●【解説】アメリカが「ジェノサイド」認定した中国のウイグル弾圧…AI使用した監視システムとは【イチから解説】
日テレNEWS 2023年8月2日
動画と文字解説
https://x.gd/XsYOl

●「駐英中国大使、BBC番組でウイグル人の強制収容否定 ビデオを見せられ」動画
BBCニュースジャパン（公式）
2020年7月20日UP 再生回数6,806,846回
BBCワールドサービスは、イギリスの公共放送サービスです
https://x.gd/jXOB2

●日本政府、中国政府による人権侵害について再び懸念表明
HUMAN RIGHTS WATCH 2024年01月31日

https://x.gd/4Z1Ym0

ジュネーブで行われた国連人権理事会の中国に関する第4回普遍的・定期的審査（UPR）において、日本は、「中国の人権状況についての懸念」を表明し、中国政府が「チベット族やウイグル族を含む少数民族の権利を保障し、…香港基本法の下で基本的権利・自由を擁護するとともに一国二制度を強化する」よう求めた。

●「河野氏、対中非難決議「採択すべき」ようやく回答」
産経新聞WEB
https://x.gd/1n3Ky

河野太郎は、2021年の自民党総裁選で、岸田文雄、高市早苗、野田聖子らと計4名が立候補しました。（9月29日投開票）

この時4名に対し、日本ウイグル協会など13団体でつくる「インド太平洋人権問題連絡協議会」がアンケートを実施しました。

中国の新疆ウイグル自治区や香港などでの人権弾圧を非難する国会決議について、

河野氏側だけは22日までに「回答しない」と連絡しましたが、23日午後に「時期は分からないが、採択すべきだ」と、ようやく回答したということでした。

タイミングも遅く、表現も消極的であり、渋々という印象ではありますが、対中非難決議の採択すべき、とは回答していました。

従いまして、河野太郎がウイグル人強制労働を知らない、はありえないのです。

■令和6年6月21日 第3回口頭弁論（非公開）

次回、第4回口頭弁論期日は、9月9日、非公開で行われる予定となりました。

民事裁判は初めての経験ですが、非公開で4回も口頭弁論が続く、というのはどうなんでしょうか?

次回も「非公開」と聞いて、がっかりし、肩すかしされたような気持ちです。

裁判官がくつざわと直接話したいとのことで、次回ようやく、初めてわたくしも参加できることになりました。

弁護士さんの感想ですが、河野側の弁護士が今までになく不機嫌だったそうです。

いやー、勝手に訴えておいて、ヒトの時間とオカネを存分に使って、不機嫌もなにもないですな。

因みに、河野側の弁護士は、河野の高校時代からの友人です。

総裁候補の河野についてベタ誉めでインタビューに応えている記事がありました。

中国にも造詣が深い御方のようです（お察し）。

第4章 マスメディア

■デイリーＷｉＬＬの生放送に出演

令和６年４月６日、デイリーＷｉＬＬさんの生放送に呼んでいただきました。

【前代未聞】河野太郎を「中国共産党の犬」と呼んだら訴えられました【くつざわ亮治×平井宏治×山根真＝デイリーＷｉＬＬ】

https://x.gd/64KUj

お陰様で、２ヶ月で３８万６千回再生されました。再生数１番手であられる百田尚樹さんの回（４３万再生）に続いて、２番目の再生数です。

もちろん、わたくしが、というよりも河野太郎のネームバリューのお陰です。ありがとうございます。

■月刊ＷｉＬＬ６月号に掲載

令和6年4月26日発売 月刊WiLL6月号に掲載していただきました。

「〈中共の犬〉よばわりしたら河野太郎に告訴された」くつざわ亮治

(全6ページ)

取り上げてくださいましたワック株式会社 月刊WiLLさんに感謝いたします。

■テレビ・新聞が河野裁判を報じない理由

令和6年8月中旬時点で、月刊WiLLさん以外にこの件を取り上げたマスコミ、メディア(テレビ、新聞、雑誌等)はありません。

現役国務大臣が一般人を訴えたという珍しいケースを、マスコミはなぜ報道しないのでしょうか。

この訴訟を記事にするには、河野一族は「中共」の犬、に触れないわけにいかないからです。

日本のマスコミが中国（共産党）に不都合な報道をしない、できない理由を説明いたします。

大手メディアは、中国で取材可能にするために、中国との間で「日中記者交換協定（日中双方の新聞記者交換に関するメモ）」を結んでいます。

記者交換に関する取り決めは、交換する記者の人数、滞在期間、取材活動など、詳細に記されています。

ウィキペディアによりますと、「日本側は記者を北京に派遣するにあたって、中国の意に反する報道を行わないことを約束したものであり、当時北京に常駐記者をおいていた朝日新聞、読売新聞、毎日新聞、ＮＨＫなどや今後北京に常駐を希望する報道各社にもこの文書を承認することが要求された。以上の条文を厳守しない場合は中国に支社を置き記者を常駐させることを禁じられた」ということです。

https://x.gd/s2S0V

よって、産経新聞を除く大手メディアは、中国に不利な報道を行うことが出来ない状態です。

わたくしは、マスコミ（大手メディア）を「中共の犬なかま」と呼んでいます。

この河野太郎裁判について、おそらくマスコミは報道しない自由を通すのでしょう。

もしも今後マスコミが報道するとしましたら、わたくしが敗訴した際、訴訟の内容には一切触れずに、一般人が名誉棄損で負けた、程度で済ますと予想しています。

第5章　太陽光パネルについて

今や日本中の至るところで、太陽光パネルが敷き詰められた光景が見られます。風景という表現から程遠く、わたくしはけっして美しくない、いや醜悪、悍ましいと感じます。

資源エネルギー庁の資料によりますと、「国土面積あたりの日本の太陽光導入容量は主要国の中で最大。平地面積でみるとドイツの2倍。」とのことです。

あっという間に日本は、太陽光パネルの国土面積に占める割合が「世界一」の国になってしまいました。

（参考）面積あたりの各国太陽光設備容量

● 国土面積あたりの**日本の太陽光導入容量は主要国の中で最大。平地面積でみるとドイツの２倍。**

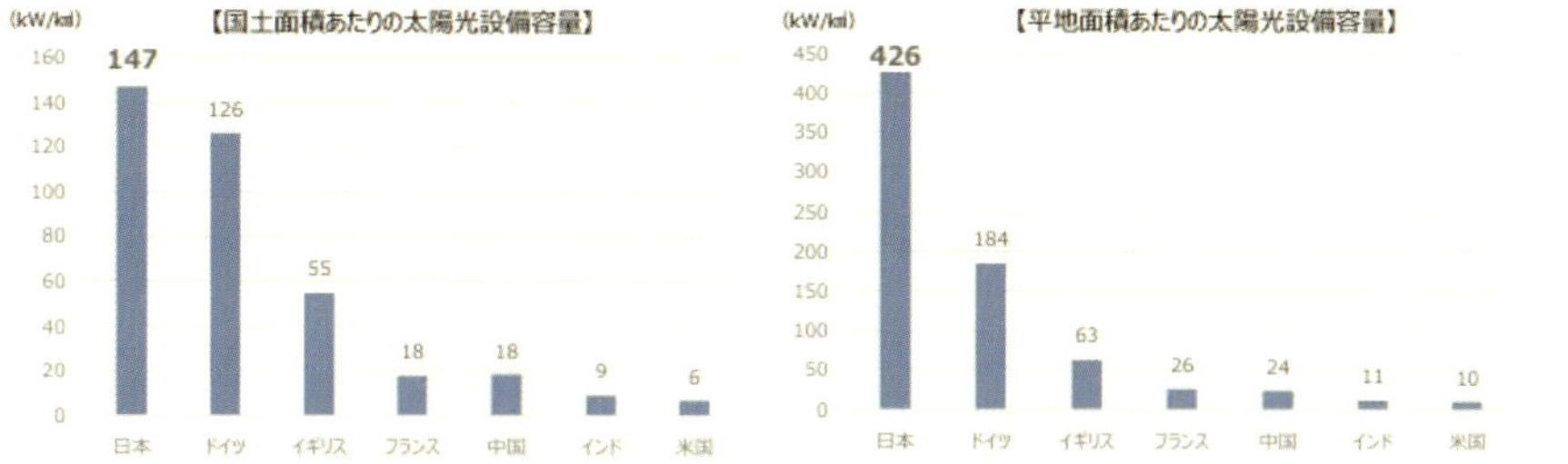

	日	独	英	仏	中	印	米
国土面積	38万km2	36万km2	24万km2	54万km2	960万km2	329万km2	963万km2
平地面積※ (国土面積に占める割合)	**13万km2 (34%)**	25万km2 (69%)	21万km2 (88%)	37万km2 (69%)	740万km2 (77%)	257万km2 (78%)	653万km2 (68%)
太陽光の設備容量（GW）	**56**	45	13	10	175	28	63
太陽光の発電量（億kWh）	**690**	462	129	102	1,969	361	872
発電量（億kWh）	**10,277**	6,370	3,309	5,766	71,855	15,832	44,339
太陽光の総発電量に占める比率	6.7%	7.3%	3.9%	1.8%	2.7%	2.3%	2.0%

（出典）外務省HP（https://www.mofa.go.jp/mofaj/area/index.html）、Global Forest Resources Assessment 2020（http://www.fao.org/3/ca9825en/CA9825EN.pdf）
IEA Market Report Series - Renewables 2019（各国2018年度時点の発電量）、総合エネルギー統計(2019年度速報値)、FIT認定量等より作成
※平地面積は、国土面積から、Global Forest Resources Assessment 2020の森林面積を差し引いて計算したもの。

65

（経済産業省 資源エネルギー庁
２０３０年に向けたエネルギー政策の在り方
令和３年４月１３日 ６５頁より）

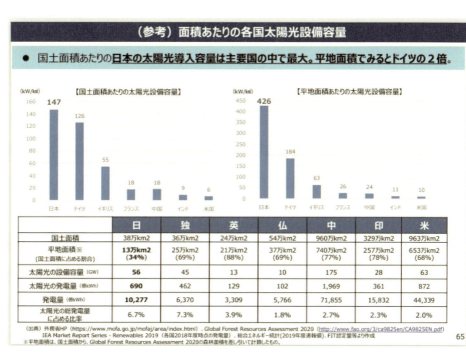

太陽光パネルには、数多くの問題があります。
環境破壊、禿山による地滑りや水害、再エネ賦課金、利権だらけ、殆どが中国製、間もなく寿命を迎えるパネルの困難な廃棄、火災時に困難な消火作業……。

北京、香港、広州、中国に支社を持つ、河野一族の日本端子（株）もこれらに一役買っており、多大な利益を得ているようです。
日本端子のＨＰに、「日本端子は、７月３０日～３１日に行われた〈サンディエゴ・パドレス対ロサンゼルス・ドジャース戦〉に協賛しました。」と記事が掲載されています。大谷選手が活躍する人気ドジャーズ戦のスポンサー企業になっていました。（案の定、儲かっているんですね）
https://x.gd/6laLR

南足柄市怒田のアサヒビール神奈川工場（敷地面積約41万2千平方メートル）の跡地利用を巡り、アサヒビール（東京都墨田区）が所有していた土地と建物を、連鎖端子の製造企業「日本端子」（平塚市）が取得していたことが、１３日までに分かった。

（神奈川新聞 2023年6月14日）

このアサヒビール工場は、松任谷由実「中央フリーウェイ」に出てくる「左はビール工場」です。中央高速を通るとき、日本端子の巨大な看板を見せられることになるかもしれません。うんざりとした気持ちになるのはわたくしだけでしょうか。

第6章　YouTube動画

YouTube くつざわチャンネルで、河野太郎について語った動画をまとめました。なお、以下動画の本文部分は、元々動画の原稿として書いていますので、口語調、概ね句読点省略となっています。

YouTube くつざわチャンネル
https://x.gd/nIrGe

●令和5年12月27日 YouTube 動画
【河野太郎に訴えられました 批判封じの言論弾圧ですな裁判官が大臣で総理候補という権力者に忖度しないかと心配です】
https://www.youtube.com/watch?v=Etp7KEkQWuU

「河野一族は中共の犬」などなどブログで批判したら、河野太郎デジタル大臣に不法行為（名誉毀損）で訴えられました

記事の削除とお金を要求されてます

むざむざと言いなりになるつもりはありませんので裁判で争いますが、裁判官が大臣で総理候補という権力者に忖度するんじゃないかと心配してます

●令和5年12月29日 YouTube 動画

【河野太郎裁判、2ちゃんねるの反応「小物」「効いてる」「沸点低っ」など……】

https://www.youtube.com/watch?v=B4UmvYu8U-Y

「河野一族は中共の犬」と書いて河野太郎大臣に訴えられたことがスレッドになってました

＊世論＊

・効いてるってこと？
・これは事実陳列罪案件？
・とことんリーダーに向かないタイプだな
・本当の言われると怒るね
・もし敗訴したら、司法のお墨付きで中国の犬ということになるのでは
・効き過ぎやろ
・事実でも名誉毀損は成立するからなー
・親中派なのは間違ってないだろ
・中国に会社持ててるんだから中共の犬だろ
・沸点かなり低いよな
・今更犬でも良いだろ
・河野の小物感
・効き過ぎだろ
・本当の事だからキレたんかな

・権力者がすぐに訴えるのはどうなんだろうな

＊私見＊

・河野太郎が顔真っ赤にして怒って私を訴えたかと思うと沸点の低さに驚くわー全くの小物ですな

・多分小さい時から大物議員の息子と甘やかされて我慢や自制ってのを知らずに育ったんでしょうな

・太郎の小物っぷりを暴くことができただけでも批判して良かったというものです

・日本端子は中国に３つも子会社あって河野太郎に年間４００万円も寄付できるほど儲けてるんですわ

・で、洋平が筆頭株主で太郎が次席ぐらいで社長が弟ね

・中国で商売やるには中共の犬じゃないと不可能なんですよ

・中共が気に入らなければアリババみたいに巨大になってもすぐ潰されるんだから批判を許さない権力者を独裁者って呼ぶんですわ

・何にしても総理にしてはいけない男と

●令和6年1月14日 YouTube 動画
【河野太郎に訴えられました】ショート動画

https://www.youtube.com/shorts/hIu3E8h5IV8

河野一族は中共の犬
日本端子という会社の筆頭株主が河野洋平（父）
河野太郎も株持っている
社長は河野太郎の弟という事で
一族ごと中共の犬 等々ブログに書いたら
河野太郎デジタル大臣に 不法行為（名誉棄損）で訴えられました
記事の削除とお金を要求されております

むざむざと言いなりになるつもり 全然ありませんので

裁判で争いますけれども
裁判官がね（河野太郎が）大臣で総理候補っていう権力者じゃないですか
それに忖度するんじゃないかと心配しております

年末に東京地裁から特別送達
大臣が一般人を名誉棄損で訴えたという事例をわたくしは存じません
そして 現役大臣が訴訟という非常に稀な案件にもかかわらず
テレビ新聞はなぜか報じません

当該わたくしの記事は事実であると確信しております故
河野太郎の理不尽な「言論弾圧」などに屈せず闘ってまいります！
応援してくださっている皆々様 誠にありがとうございます

●令和6年2月8日 YouTube 動画
【河野太郎が総理候補から完全脱落、上川陽子外相に人気で抜かれて／河野太郎とデ

ジタル庁が進める政府のクラウド事業を受注した会社がやばい！中国共産党に国家の情報ダダ漏れ危機】

https://www.youtube.com/watch?v=K8fjj９mpkHI

ＪＮＮ最新世論調査「次期総理は誰がいい」
1位石破茂１８・４％
2位小泉進次郎１４・３％
3位上川陽子９・５％

日刊ゲンダイ「河野太郎ｗｗｗポスト岸田から完全脱落ｗ」「ウリだった発信力も突破力も不発ｗ存在感ゼロｗｗｗ」

https://www.nikkan-gendai.com/articles/view/news/335794

３、４日に行われたＪＮＮの世論調査が政界で話題だ。内閣支持率が２３・７％と過去最低を更新したことはもとより、「次の総理」の上位常連だった河野氏がトップ３から脱落したことが注目されている。……（以下略）

＊世論＊

・パワハラが通用しなくなっただけ
・馬鹿で無能だからでは
・コオロギゴリ推し大失敗
・恫喝だけは一人前
・「気球に聞いて」なんて言ってるようじゃダメ
・くつざわさんにスラップ訴訟してる場合じゃねえだろ

＊私見＊

・そっかー4位転落かーｗ
・前の総裁選では岸田とサシで決選投票したのにねｗ落ちぶれるのは早いなぁ
・本当に私みたいな一般人を訴えてる場合じゃないｗ
・ゲンダイとしてはマイナカード保険証を推進する河野デジタル大臣を叩きたい記事だったようだが、ゲンダイ記事としては珍しくこちら側からも賛同の声多数だったぞ

２０２０年、宮城県に謎の気球が飛来
・米国にも同様な巨大気球が飛来して中国製とばれてたが
・自衛隊「どっかに行った」と謎の結末
・河野太郎防衛大臣（当時）「気球に聞いて」舐め腐った答弁してまして
・自衛隊に命令して秘密裏に処理したんじゃないかという疑惑が深まった
・あと「どんどん帰化してもらって」発言も
・完全に中共の犬じゃねえか

国と自治体の税や介護に関する主要事業のシステムを統一しクラウド運用するって事業を河野太郎デジタル大臣率いるデジタル庁が推進中
昨年１１月２８日に「クラウド事業者は公募によりさくらインターネットに決まった」と発表、大阪市にある会社の模様
この会社、以前は約款でこんなことを謳ってました
中国の法令が適応される利用者については以下の行為を禁止します

・中国の法令が規制するコンテンツの掲載
・許可が必要なコンテンツを許可無く掲載
・中国に対して反体制的な意見のコンテンツの掲載
・中国の文化や習慣に対する過激な意見のコンテンツ掲載
・中国の機密や安全を脅かす恐れのあるコンテンツ掲載
・帝国主義的封建主義的な思想や迷信を発信
・前各号のいずれかを助長する目的でリンクを貼る行為
　などなど

「お前らのこうした行為で俺らの事業許可を取り消されたくない」って書いてありました-

ここも中共の顔色を伺う犬でした

国と自治体、こんなとこ税や介護情報クラウドで使って大丈夫なんか

さくらインターネットは中共に何か言われたら飛び上がって何の情報でも渡すと思う

ぞ
何も言われなくても率先して流してご機嫌取りやるかもしれんぞ
そんでもってここを国のクラウド事業者に選んだデジタル庁というか河野太郎、もはや犬というより工作員では
中国共産党のお気に入り元中国人の えりアルフィヤをずいぶん推してたという報道も見つけたし
えりはウイグル人とウズベキ人のハーフを名乗ってるが国籍は中国だったんですよ
（以下略）
https://shueisha.online/newstopics/124129

●令和6年2月13日 YouTube 動画
【河野太郎裁判、今日はこんなことしてきました】
https://www.youtube.com/watch?v=WqhQ_Ht_O8o

河野太郎裁判の認否表明の弁護士打ち合わせをやってまいりましたー

先生、杉田さんの「いいね罪」に怒ってました

・原告の河野太郎は衆議院議員で現役のデジタル大臣である――認める
・被告のくつざわ亮治はYoutubeとXでそれぞれ12万と16万のフォロワーを持ち政治活動している獣医師で元豊島区議会議員である――認める
・被告は丸年丸月丸日にこれこれこういう内容のブログを投稿した――認める
・被告のブログによる誤解で原告の名誉を毀損した――認めない
・原告の人格的評価を低下させた――認めない
・被告のフォロアー数から多数の閲読があったものと推測され原告の人格的評価の低下は深刻である――認めない
・元豊島区議会議員という立場で原告の名誉を毀損したことは悪質――認めない
・Youtube広告料欲しさに原告の名誉を傷つけたのは悪質――認めない
・河野太郎はくつざわによって多大な迷惑を被った――不知（知らねーよそんなの）

以上のような作業でした

弁護士先生と訴状をじっくり読みましたが私がまるで極悪人のように書いてありましたわー

悪質だの極めてが何回も出てきたし

弁護士先生に「裁判官が和解しろって言ってきたらどうする」と聞かれたので「徹底的に争います最高裁までいきます和解は無しで」と意思表明してきましたー

それが午後いっぱいかかったんで今日は動画を上げるのが遅くなってしまいまったく・・河野太郎に動画制作妨害の損害賠償してほしいぐらいだわ

河野太郎裁判の経過については都度都度言えるところまでお伝えしますのでご期待ください

●令和6年2月19日 YouTube 動画
【総理候補人気河野太郎5位転落】

https://www.youtube.com/watch?v=nT_2pvAlf1A

「次の総理大臣」毎日新聞調査

この中にはいない34％　石破茂25％　上川陽子外相12％　高市・小泉9％　河野太郎7％　野田聖子2％　岸田・茂木1％

https://hosyusokuhou.jp/archives/48958307.html

＊世論＊

・ゲルは無いわ

・またパヨに聞いたのかｗ

・選択肢のない地獄

・石破茂が1位とか世も末

＊私見＊

・自民党員以外も対象に聞いているので石破総理というのがパヨの願望なんでしょうな

・河野太郎、５位転落　私みたいな一般人を訴えてる場合じゃなかったな

・岸田ｗ１％ｗこの人いつも薄ら笑いを浮かべて人に嫌われる才能がある

・せっせと移民政策や少子化推進やってるしな
・同じ毎日の調査で内閣支持率１４％不支持率８２％
・毎日の調査って３人ぐらいの退職毎日社員が別会社作ってやってるのであてにはできんが
・訴えられてる立場として河野太郎５位転落だけは信じたい

●令和６年３月２５日 YouTube 動画
【河野太郎に透かし文書を提出した財団が火力原子力発電を無くそうとしていることに国民民主玉木党首「安保上の重大問題」あいつら日本を滅ぼそうとしてますから／４月から再エネ賦課金が３倍に増税】
https://www.youtube.com/watch?v=dLoz15CHd0I

河野太郎の再エネ有識者会議資料に中国国営企業の電子透かしがはいっていた事件を日経、産経、中日スポーツ、ＪＰプレスなどが報道
ツイッターでは一夜明けた今日も「河野太郎」「大林ミカ」がトレンド入り

この件を「河野一族は中共の犬と考えるに至った根拠」として裁判所に提出するという私のツイートがリツイート1．1万いいね3．3万件
テレビは完全スルーかな?私テレビ無いので確認できません
https://www.moeasia.net/archives/４９７４６２４０.html

＊世論＊

・日経が報じるとは意外だ
・ミスに見せかけた内部告発だろうな
・再エネ賦課金の元凶が河野がやってる再エネ事業だわ
・再エネ賦課金制度を作ったのは孫正義と組んだ菅直人
・当時二人してウッキウキでテレビに映ってたっけ
・この企画・計画の背後に中国企業がいるって事だからな
・河野太郎はどのぐらいキックバックを貰うんだろ
・中国共産党の会社が作った資料で国策が左右されるとかとんでもない話だぞ
・再エネ賦課金はどうみても金が中国に流れるスキーム

・再エネ賦課金って中国に献上する税金だったのか
・再エネ賦課金は、最終的にはほとんどが中国製の太陽光パネルに消えてる

＊私見＊

・再エネ賦課金が年間6千円台からいきなり1万6千円台に増税され腹が立ったが、それのほぼ全部が中国製太陽光パネルに化けてる模様
・制度を作ったのは菅直人と孫正義だが、これをいつまでも廃止せず都合よく利用したのが河野太郎と自民党公明党と
日本人の税金を中国企業に流してるんだから普通の国なら利敵罪では
売国奴と言われてもやむなしだぞ河野太郎は（おっとこれで追加訴訟されるかも）
透かし入り資料を提出した大林ミカは国籍不明で孫正義が作った自然エネルギー財団事務局長
ソフトバンクが財団のスポンサーで理事にもソフバンの人間がいるので事件の関与は確実で逃げられない
河野太郎が言う対策強化って「今後はバレないよう注意する」だなたぶん

●令和6年3月26日 YouTube 動画
【河野太郎「透かしはあったが問題ない」と国会強弁、それの是非を判断するのは有権者でやらかした本人が言うセリフではない】
https://www.youtube.com/watch?v=98XnNj7FcKY

自分の有識者会議で中国国営電力会社のロゴ入り資料を使ったことを国会で詰められた河野太郎「全く無関係の企業のロゴが資料に付いているが問題ない」と答弁
http://seikeidouga.blog.jp/archives/1082221392.html

＊世論＊
・全く無関係とは笑止
・スパイ防止法はよ
・論点ずらして逃げようとしてますな
・高圧的な態度で誤魔化そうとしてる

・スパイってもう完全にバレとるよ
・中国の資料を使ってる時点でアウトやろ
・秘書に中国人雇ってたバカ自民議員もいるし売国奴だらけ
・中国企業が政府に入り込んでることが問題なんだよ
・外国が作成した資料で政策が左右される事が大問題
・河野一郎から続く戦後の名門が潰える瞬間だな

＊私見＊

・ついに国会で詰められてざまぁ
・政治なんだから「問題ない」は我々有権者が判断すること
・やらかした河野が言っていいセリフではない
・刑事裁判で被告が「やったが問題ない」て言ったら一同「?」ってなるでしょ
・裁判官（それ判断すんの俺だし）
・そんなことも分からない河野太郎って馬鹿ですね
・ネットの反応は圧倒的に「有罪」と判断されてる

・裁判と違って政治なんだから有権者がダメと言えばダメなんですわ
・「河野太郎は中共の犬！」みんなで言えばこわくないっと

●令和6年3月27日 YouTube 動画（1）
【池田信夫氏「河野太郎有識者会議の大林ミカの国籍が不明、住基ネット番号が無いという情報も」】
https://www.youtube.com/watch?v=vavYz5i3D20

＊池田信夫氏＊
「チェックが必要なのは資料ではなく、大林ミカの身元。自然エネ財団のプロフィールには、2011年以前の経歴が書いてない。中津生まれとか大分生まれとか、矛盾した情報がある。高卒以後の職歴が不明。国籍も不明。住基番号がついてないという地方公務員の情報もある」

「この翻訳の学校が最終学歴で、大林ミカは大学を出ていないと思われる。その後、英会話学校の教師ぐらいしか職歴はない。原子力資料情報室に入ったのも事務員としてで、まったく原子力の研究実績はない。こんなただのオバサンにエネルギー政策を語らせていいのか?」

「大林ミカの経歴には謎が多い。この名前も本名かどうかわからない。原子力資料情報室では単なる事務員だったが、飯田哲也のISEPでは副所長になった。これで専門家だと思われるようになったが、学問的実績はゼロ。飯田のマネージャーのようなものだった。」

http://seikeidouga.blog.jp/archives/1082222593.html

＊世論＊

・河野太郎大臣曰く、有識者
・典型的な活動家でしたか・・・
・学校はもしかして西早稲田界隈ですか?
・ショーンKは笑えるけど、大林は笑えない

・野党やマスコミはこの件はダンマリですね
・中国パワーで出世もしくは元が中国人なのか
・左翼活動が忙しくて勉強する暇が無かったんです
・学歴だけで判断するのはあまりよろしくないと思いますが、専門家にふさわしい研究業績や著作などは必要だと思います
・これって資格取得の各種学校みたいなものだろう。通常は学歴には含めないと思うけどな

＊私見＊

・立憲が幹事長との対談記事を削除して物凄い勢いで逃げを謀ってることから大林の周辺を掘ったらきっと物凄い闇が出てくるのでは
・お願いします高市さん、きっちり調査して私の裁判資料を充実させてくださいー
・安倍総理「大林ミカは左翼活動家」「河野太郎総理だけはダメ」と生前話されてたそうです
・大林は成田闘争の一環で地権者増やして交渉を困難にする嫌がらせ「成田一坪

地主」の1人、立派な活動家

・国籍不明で住基ネットに記載が無くて（＝住民票が無い疑い）1つも論文を書いてない無学で何の資格も免許も無い彼女が、再エネ政策有識者会議の一員で国の政策を左右する立場に

●令和6年3月27日 YouTube 動画（2）

【講談社フラッシュ「中国企業の影響発覚で河野太郎氏に集まる憤激」】

記事要約「4月から再エネ賦課金が約1万円増税になるがその背後に中国企業の影がちらつくって舐めてんのか河野太郎」

https://smart-flash.jp/sociopolitics/279062/1/1/

電気料金に上乗せしている再生可能エネルギーの賦課金単価を、2024年度から1kw/h あたり3・49円にすると、3月19日に経済産業省が発表した。（以下略）

＊世論＊

・河野一族が中国で会社やってるって知って今回の件も併せてかなりやばい案件

だったって知った
・再エネ賦課金一部がチャイナ太陽光パネル企業と40％が中国共産党企業の出資の日本端子株式会社（ソーラーパネル関連部品の製造）河野一族企業に流れる
・「中共の犬」はNGワード、河野に名誉毀損で訴えられる
・自民党が中国企業に儲けさせて中国企業から献金もらうために決まってる
・さーてこれで太陽光発電推進者は全員、中共の犬認定される可能性ができたってわけだ
・再エネ賦課金て中国共産党 国営企業と、河野太郎 親族の会社に金が流れるだけで我々はお金を吸い取られるだけという
・ぶっちゃけ原発の方がエコ
・河野太郎は国民をナメてるんじゃなくて国ごと売ろうとしてんだよ

＊私見＊
・だいぶ河野太郎の正体がみなさんにバレてて重畳
・私が「中共の犬」で訴えられてること2ちゃんに浸透したとは知らなかった

・河野太郎w頭悪いですよねw私のような虚弱なピュアに一般人訴えて
・先日行われた河野太郎裁判の裁判官＋双方弁護士によって行われた口頭弁論（非公開）論点すり合わせですが
・もう1回やるんだって連絡が
・さすが裁判官3人の合議制によるデラックス裁判です
・しかし民事の名誉毀損の裁判で裁判官3人て聞いたことが無い
・ついでに与党の現役大臣が、一般人を名誉毀損で訴えたのも聞いたことが無い
・立憲の小西ひろゆきは一般人を訴えてましたが権力が少ない野党だし
・現役大臣が一般人を名誉毀損で訴えた前例をご存知の方はコメントで教えてください！
・もしかして私の裁判が史上初？

●令和6年3月28日 YouTube 動画（1）
【河野太郎防衛大臣（当時）、自衛隊の動きが外部に筒抜けになる売国行為をやってた、これはマズいと玉木党首が指摘／国籍不明の大林ミカを有識者会議に任命したのは河

野太郎】

https://www.youtube.com/watch?v=0gGm66-_tv8

「河野一族は中共の犬」で私が河野太郎に訴えられている裁判の進捗状況
東京地方裁判所 令和5年（ワ）第３１７６４号損害賠償等事件
裁判官３人にバージョンアップだが番号変わらなかったー
令和６年5月１４日 午前１０時３０分～
裁判官３名と双方弁護士による第2回口頭弁論（非公開）
プレ裁判会議を2回もやるんかーさすが裁判官３人のデラックス裁判ですわ
こちらの会議は非公開です
傍聴できる公開法廷の日時が決まり次第、ご報告いたします、来てねー

河野太郎、防衛大臣時代にとんでもない売国やってた
玉木雄一郎国民民主党代表記者会見
「河野防衛大臣時代に自衛隊施設への電力供給の再エネ化が推進され現在は５０％程

度となっている」

「電力使用量によって提供先の活動がわかるので、仮に海外の影響を受けた事業者がいれば自衛隊の活動が筒抜けになる。再エネ普及より国家安全保障の価値の方が高い」

＊世論＊
・ありましたなぁ、イージス・アショアの計画中止なんてのも
・スマートメーターに仕掛けがあったら停電できますね
・海外資本じゃなくても社員として潜り込ませればそれで終わり
防衛省の各年度における再生可能エネルギー比率１００％の電力の調達を実現した施設及び契約事業者の一覧が防衛省のサイトより閲覧可能です
・河野太郎は何をやらせてもやばい
・いざという時に電力不足に陥れば対抗不能に陥りかねぬ
・そもそも自衛隊がなんで再生エネルギーを導入せなあかんの？
・大臣自らが工作員の可能性もある

＊私見＊

・ミサイル搭載量を無視できるイージス・アショアを何の根回しも無く突然中止にしたのも河野太郎防衛大臣

・中国共産党の犬が防衛大臣て笑い事じゃなかったですな

・あと外務大臣もやってた

・３０年前から太郎は反原発で閣僚になってからはそれを封印しているが、最初から最後まで日本端子のために働いてた売国奴は確定ですな

・再エネ電力業者が送電をやめたら自衛隊施設が電力不足に陥って出動できないなんて最悪な事態も

・電力業者でなくても中国製の太陽光パネルにチップが仕込んであって外部からの指令で発電をやめるモードになってる恐れも

・やはり河野太郎は中共の犬国防の敵で間違いないかと

●令和6年3月28日 YouTube 動画（2）

【中国国営電力会社ロゴ透かし入り資料の大元、国籍不明の大林ミカが再エネ有識者

会議メンバーを辞任】

「外国の影響があったとか政策が歪められたとかは全く無いが混乱させたので辞めます」

逃げましたなこれは

＊林官房長官記者会見＊

再エネ有識者会議に大林ミカが紛れ込んだ経緯について「内閣府事務方が提案した案を河野太郎が了承した」「中国から不当な影響があったかどうか河野のもと調査する」黒幕に調査させたらダメなんじゃ

https://www.sankei.com/article/20240328-E454FBZWYVMILDKK7OZKWXBTFU/

林芳正官房長官は２８日の記者会見で、再生可能エネルギーに関する規制見直しを目指す内閣府のタスクフォース（ＴＦ）に中国の国営電力会社「国家電網公司」のロゴマークが入った資料が提出された問題を巡り公益財団法人「自然エネルギー財団」の大林ミカ事業局長がＴＦに入った経緯について「内閣府事務方が提案した案を河野太郎規制改革担当相が了承した」と説明した。（以下略）

＊世論＊

・事務方は処分するのか？
・いやぁこれは闇感じるわ
・河野太郎ってなんでいつも墓穴掘るの？
・河野自身が工作員みたいなもんだろ
・ミカって悪いやつしかいないイメージ
・河野家は、親子三代売国奴だから
・また中国大好きデマ太郎かよ
・野党が騒がないのはだいたい外国人案件だよな

＊私見＊

・自然エネ財団は中国共産党のための反原発組織なので日本端子のために反原発の河野太郎にとってはお仲間なんでしょう
・日本端子って太陽光パネル周辺部品の特許もいくつか持っていて自分で部品を

売らなくても他社がうった部品からも金が入ってくると
・「中国の影響を河野太郎に調査させる」なんだそのロッキード事件を田中角栄に捜査させるみたいな
・「調べたが影響無かった」って言うに決まってんじゃんね
・やっぱり自民党馬鹿ばっか（高市さん杉田さん小野田さん青山さん除く）

●令和6年3月31日 YouTube 動画（1）
【河野太郎「裏金議員に ケジメを」大林ミカについての質問に「所管外」を8連発して逃げまくったお前には言われたくない】
https://www.youtube.com/watch?v=fVDwE62Nro0

河野太郎、自民党神奈川県連大会で挨拶「裏金議員に国民が納得出来るようなケジメを」
https://news.yahoo.co.jp/articles/b8e22d372e9e3581fee6eb2b4e7c3981301ff4e5
河野氏は「自民党を支えていただいているみなさま、多くの国民のみなさまには大変申し訳なく思っている」と、今回の問題について出席者に陳謝。その上で「政治とカネの問題は、国民のみなさまが納得いただける形できちんとけじめをつけて、新たに前に進んでいかないといけない。それは党本部は、しっかりやっていかなければならないと思う」と、くぎを刺すように口にした。（以下略）

＊世論＊

・今日の「お前が言うな」はここですか？
・中国の犬が何を言ってんだ
・透かしっぺ大将が何か言ってる
・中共の犬もケジメをつけないと
・日本端子と中国共産党の関係や 大林ミカの件も国民が納得できる形の けじめをお願いします
・まずお前がいなくなれよ
・「河野太郎はスパイなの？」ネット「実績みればすぐわかるよ」

＊私見＊

・河野は他人を糾弾するより先に国籍不明の大林ミカの正体を説明する方が先ですわな
・国会で大林ミカのこと聞かれて「所管外」を8回連発して逃げまくったらしい
・こんな奴に「ケジメを」なんて言われた他の議員も「お前に言われたくない」って思うと思うぞ
・かくして自民党内の人望も人気も低下だがこれ全部自業自得だから
・左からも右からも嫌われてる稀有な存在ですからねーこの人

●令和6年3月31日 YouTube 動画（2）

【河野太郎が自衛隊施設の再エネ電力使用をゴリ推ししたことについて国民民主党 榛葉（しんば）賀津也幹事長「再エネ率100％の基地や駐屯地が結構ある。」】

「再エネ事業者の一部は外国の会社が入り、華僑が大株主との実態も判明している。まさに国家安全保障、エネルギー安全保障に直結する問題だ。しっかりとこれこそ真相究明しなければならない」

国籍不明の大林ミカが中国国営企業ロゴ入り資料を河野太郎の有識者会議に提出したことについて「なぜ河野さんが自然エネ財団をたびたび重用するのか、大林ミカさんを使われるのか、ご自身の発想なのか、政府のアイデアで使っているのか明らかにする必要がある」と猛批判

https://www.zakzak.co.jp/article/20240330-QAQ4O55KHJK37DMWV7Q3OIZBRQ/

＊世論＊

・河野は支那のスパイ
・河野太郎ヤバいな
・親父ともども何なの？ こいつら
・スパイファミリー
・河野みたいなスパイ議員がスパイ防止法に反対してるんだろうな
・どうも胡散臭いと思ってたが正解みたいだな
・胡散臭いも何も日本端子だろ
・中国の手先デマ太郎、なぜこんな売国奴が 今も大臣の椅子に座っているのか

サッパリ分からん
・再エネ関係者は河野といわず一度全員調べた方がいいよ
・河野太郎を追及しているのが国民民主だけなのはなぜなのか

＊私見＊

・2ちゃんの意見も「河野太郎は中共のスパイ」一色ですな
・こんなにも同志が多いのは心強い
・裁判が始まったら裁判官に「いっぺん河野太郎スレ見てきなよ」と言いたい
・立憲も共産もマスゴミも河野と同じく中共の犬仲間なんで追及しないんですよー
・中国製太陽光パネル買うために年間1万6千円以上の再エネ賦課金取られてる大問題なのに、テレビの扱い小さすぎ
・国民民主の、というか榛葉しんば幹事長は中国共産党との関わりが少ないんでしょうな
・あと「自衛隊の活動が再エネ業者に筒抜けになる安保上の重大問題じゃん」と

糾弾した玉木代表も中共との関わりは薄そう
・国民民主全体は全く信用できないんですけどね

●令和6年4月1日 YouTube 動画
【河野太郎「ネトウヨが騒いでるだけ」有識者会議の売国を叩かれ逆ギレ、ネットを見下してるポーズだが私の「河野一族中共の犬」の指摘をスルーできず頭に血がのぼって訴えてるの草、見下せてねーwww】
https://www.youtube.com/watch?v=edCXuK75Uvg

中共企業透かし入り資料と大林ミカと自然エネ財団で売国を叩かれた河野太郎「ネトウヨが騒いでるだけだろ」逆ギレ
https://news.yahoo.co.jp/articles/5c129b48f838bf837489bcc3b77d9470f5044154
内閣府会議メンバーが所属する謎の財団の正体「ネトウヨが騒いでるだけだろ」
規制改革担当大臣の河野太郎氏はこう吐き捨てたという。再生可能エネルギー政策に関する内閣府の会議で使われた資料に、中国の国営企業のロゴが埋め込まれていたとして謝罪に追われたのだ。

河野氏といえば、Xのフォロワーを260万人以上抱え、ネットを中心に人気を集めてきた。しかし、今回の騒動でネットユーザーたちからも見放されてしまった形だ。

（以下略）

＊世論＊

・次回は絶対に落選させたい
・国賊売国コオロギワク太郎
・今は、ネットこそが世論だぞ
・ネトウヨにも選挙権がある
・河野太郎が人気な時があったとは思えないんだが
・河野が招聘した再エネタスクフォースは、法的根拠も無く人選ルールも無いのに政策過程に口出しするとんでも組織。河野には大林ミカの国籍や経歴を明らかにする義務がある

・中国共産党の河野一族への懐柔策は敵ながらあっぱれとしか言いようがない、まさにトロイの木馬だ
・そりゃ新聞テレビで報じないからネットで騒ぐしかないですよね

＊私見＊
・ネトウヨが騒いでるだけとネットを見下してるポーズとってるのに私の「河野一族は中共の犬」てネットでの指摘はスルーできずに頭に血がのぼって訴えてるの草
・カッとなったんだから見下せてないわー
・太郎は正論言う人を片っ端からブロックして結局気が小さいんだと思われ
・人物の小さいから私みたいなか弱いピュアな一般人をカッとなって訴えて
・「小さい鍋はすぐ沸く」て諺、どこのだっけなぁ
・頭がおかしい人がおかしいこと言って「それおかしいよ」て指摘されるとネトウヨ認定、もう日本人の大部分がネトウヨといっていいネトウヨインフレが起きてる

・ネトウヨ認定された方は「あなたはまともな人」てことだからむしろ敬称
・「くつざわはネトウヨ！」て言われても何も感じないんですけど今更嫌がる人っているの
・自滅してくれてラッキーでしたな
・私も騒いだり街宣したりの甲斐がありましたわ

●令和6年4月2日 YouTube 動画
【クルド和田政宗「河野太郎先生は確固たる保守ぅ」スパイ河野に何言ってんだこいつ】
https://www.youtube.com/watch?v=Z-mjCXEqUgI
クルド和田「河野太郎先生は確固たる保守ぅ」何言ってんだこいつ
https://www.moeasia.net/archives/49746848.html

＊世論＊
・エイプリルフールだもんね

・保守の定義とは
・さらに不信感増大
・似た者同士のかばいあいでは
・人を見る目が全くない人
・頭がおかしくなったのか元々おかしかったのか
・和田のメッキが剥がれてく
・要するにお仲間ってことかな
・河野が保守だなんて腰抜かすわ

＊私見＊
・この発言は4月1日のものでなくて岸田と河野が争った総裁選前のものらしい
・勝ち馬に乗りたいａｇｅといて河野が総理になった時にご褒美貰いたいってことでしょうかゲッスいなぁ
・「河野が保守なら俺はローマ法皇だ」コブラにこんなセリフがでてきたような（うろ覚え）

・クルド和田がこんなこと言うと「あれ？保守って何だっけ？」混乱しますな
・混乱の呪文てなんでしたっけ

●令和6年4月3日 YouTube 動画
【河野太郎「大林ミカの起用は問題無い」じゃ何ですぐ辞めたの／LINEゴリ推しの河野太郎、目的はソフトバンクに日本人の情報を流すためで大林の自然エネ財団のバックもソフトバンク、全部繋がってた】
https://www.youtube.com/watch?v=VbMZ2LvacwE

河野太郎「大林ミカの起用は問題無い」大臣記者会見で答弁
https://www.sankei.com/article/20240402-UVETJRN23JMMFFN2LY44ZTJ3JY/
再生可能エネルギー推進に向けて規制見直しを目指す内閣府のタスクフォース（TF）で提出された資料に中国の国営電力会社のロゴマークの透かしが入っていた問題で、河野太郎デジタル相は2日の記者会見で、資料を作成した「自然エネルギー財団」の大林ミカ事業局長を有識者として起用したことについて「特に問題があったというこ

とではない」と述べた。（以下略）

＊世論＊

・問題でしかないんですけど？
・それを決めるのは有権者
・これが問題でないと言い切る河野が大問題
・この認識が大問題
・問題ないのにミカさんサッと辞めてる
・で河野はいつ辞職するの？
・河野にとって問題なくても日本にとっては
・中国企業の資料コピペが問題ないと考える日本の政治家
・与野党マスゴミともにだんまり
・問題を問題と認識できない問題があるのでは
・だから毎回お前が指名してまで起用する理由は何かって聞かれてんだろ
・本名国籍不明でも問題無い？

＊私見＊

・問題無いならなぜ大林は速攻で有識者メンバーを辞任したのか
・なぜ立憲民主党は速攻で大林と幹事長の対談記事を削除したのか
・大林は河野が指名し任命したから問題有りとすれば任命責任を問われるから問題無い無い無い言い張ってるんだろうけど苦しい
・刑事裁判じゃなくて政治なんだから問題の有無を審判するのは我々有権者
・裁かれる側の河野が「問題無い」と言えることでは全然無い
・窃盗犯が裁判官に「盗んだが問題無い」と答えたら多分反省してないと心象害して量刑重くなるよね
・河野は馬鹿だから自分から罪を重くしてんですよね
・次の選挙でどのぐらい票を減らすか見もの
神奈川15区の有権者さんよろしくお願いします

●令和6年4月7日 YouTube 動画

【河野太郎、総理権限を奪う形で自分の提言を内閣案件にネジ込み再エネ政策を左右していた】

https://www.youtube.com/watch?v=gbbcuT4sMQ0

●令和6年4月8日 YouTube 動画

河野太郎の地元、神奈川15区にお住まいの70代男性からご連絡

「自分の周囲は河野太郎支援者ばっかり」

「地元では外で河野太郎を批判しにくい雰囲気がある」

「くつざわさんの街宣動画を初めて見て自分と考えがほぼ同じで感動した」

だそうです、ありがとうございましたー

私の知名度もまだまだ、がんばりますー

●令和6年4月10日 YouTube 動画

【河野太郎「中国国営企業と私は無関係」答弁したが誰も信じず】

https://www.youtube.com/watch?v=npY2H6OusUo

自分の再エネTFが中国国営電力会社の資料を使っていたことについて、河野太郎デジタル大臣「私は中国国家電網公司とは何の関係も無い」と国会答弁じゃ何で私の「河野一族中共の犬」をスルーできずに訴えたの

https://www.sankei.com/article/20240409-RHW7H4WOLVPEJFRFLTN5YFZGSQ/

河野太郎規制改革担当相は9日の参院内閣委員会で、内閣府のタスクフォース（TF）元民間構成員、大林ミカ氏の提出資料に中国の国営電力会社「国家電網公司」のロゴマークが入っていた問題をめぐり、「私は国家電網公司と何の関係もない」と述べた。国民民主党の竹詰仁参院議員の質問に答えた。（以下略）

＊世論＊

・そりゃ「関係あるぴょん」とは言わんわな
・誰も信じないってw
・外堀埋まって身動き取れなくなってきた感

・嘘つきは目つきでバレるよ
・そりゃスパイが自分はスパイとは言わないだろ
・はいそうですかって納得すると思ってんのか
・わかりやすい売国奴だよなぁ
・潔白ならスパイ防止法を推進してくれ
・嘘つきは人相に出るんだわ
・証人喚問でもそれ言えるのか

＊私見＊

・そりゃ「電網公司とは懇意にしてます」とは言わんわなぁ
・人相や目つきについての意見が多かった
・これ言った時の河野の様子がよっぽどおかしかったんですかね
・スパイ太郎、スパイとしては3流以下では
・私の裁判で今まで集めた「河野一族が中共の犬であると考えるに至った根拠」を裁判所に山ほど出しますのでご期待ください

・刑事事件じゃなくて民事なんで真実を明らかにする必要は無く裁判官が「これじゃ河野が中共の犬と思っても当然だよね」と思えば勝利

・そしてそれは有権者も同様で白黒はっきりしなくても茅ヶ崎平塚の有権者が何となく「河野一族でスパイくせー」と思えば落選すると

●令和6年4月15日 YouTube 動画
【中共を潤す河野太郎と再エネ賦課金、国内の中国系太陽光発電業者は1500以上、中国製パネルでさらに儲かる仕組み】
https://www.youtube.com/watch?v=b5JVkApJUms

＊現代ビジネス＊

・河野太郎再エネＴＦに中国国営企業資料が紛れ込んでいて騒動になった

・再エネ賦課金は太陽光発電の電力を買い取ることに使われているが国際標準からみると破格で2倍近い高額で買い取ってる

・現在国内には中国系の太陽光発電業者が１５００社あり国民から徴収した賦課

金がそれらに流れている
・日本人の事業者が中国製太陽光パネルを購入すればさらに中国企業が儲かる
・ロゴ入り資料を持ち込んだ大林ミカが事務局長を務める自然エネ財団を中国共産党が裏で操りさらなる利益を目指しているという声もある
・大阪市南港のメガソーラー施設は大阪市の公共事業で別な企業が落札したが途中からなぜか上海電力の手に事業が渡り物議をかもした
・エネルギーを中国に握られてしまっては安全保障にも影響がある
https://www.moeasia.net/archives/49747834.html

＊世論＊
・ソーラーパネル製造の中国企業に補助金ジャブジャブ
・中国に自然を壊されるだけ
・メガソーラーが中国製って終わってるよな
・ほとんど中国に持っていかれているがなんで国籍条項をつけなかったんだろうな

・菅直人と孫正義が環境アセスメントや国籍条項を要件から外した
・民主党が円高進めて中国産の太陽パネルを有利にした
・再エネ賦課金は中国共産党への上納金
・小池も調子こいてパネルを中国から大輸入しようとしてる
・民主党が作ったシステムを自民党議員は誰も止めないのが異常だわ

＊私見＊

・民主党が作った中国が肥え太る再エネ賦課金制度、自民党が止めないのは河野太郎と小泉一族のせい
・この他にもどうせいるんでしょ中国の発電業者にいっぱいパー券買ってもらってる売国自民党公明党議員が
・廃止するどころか世帯平均賦課金を６０００円台から1万６０００円台に一気に3倍にして拡大してるし
・いきなり無くすと業者の夜逃げ祭りで混乱するので年々減らしていっていずれゼロにすべき

・日本政府は原発利用推進が国是じゃなかったのかと
・大東亜戦争のＡＢＣＤ包囲網で懲りてそうなったのにそれはどこに消えたのか
・弁護士から「河野一族が中共の犬と考えるに至った根拠集めて」と言われてるのでこの記事も追加しますー
・記事初っ端に河野太郎と出てくるしね
・次から次へと増える一方で勝てる気がしてきた
・裁判官から和解を進められても絶対応じないぞー

●令和６年４月１８日 YouTube 動画（１）
【岸田総理、河野太郎に再エネを続投させる方針、そもそもエネルギー庁案件を何でデジタル大臣がやってるのか／大林ミカが卒業した語学学校の名前が非公表「中国語学校だろどうせ」とネットは予想】
https://www.youtube.com/watch?v=7pzZxkq0mwU

１７日 参院本会議で岸田総理「再エネＴＦに外国からの干渉があったかどうかは

調査中」「今後のＴＦは河野太郎担当大臣が適切に判断する」河野太郎の人選が適切じゃないから問題になってるんでは?河野続投でええんか?
https://www.sankei.com/article/20240417-LNV2KLOF3FMAROY6SEHSVAPQTM/
首相は「内閣府において（資料を提出した）元構成員などが外国の政府や企業から不当な影響力を行使されうる関係性を有していたかなどについて、人選の経緯などとあわせて詳細な事実関係の確認などの調査を行っている」と説明した。（以下略）

＊世論＊

・河野太郎が利益相反の張本人でしょうが
・容疑者に後始末させるのか?
・河野太郎が適切に判断できるとは思えないんだよね
・河野が担当なのが問題やねんて
・どう考えても当事者以外が調査すべきだろ
・不適切だから吊るし上げられてんだろうが
・河野も岸田もスパイ仲間だな

・不適切な大臣の適切な判断は不適切では

＊私見＊

・河野太郎が今後も続投なことに驚いたっと
・デジタル大臣が何で再エネやってるかも全然分からんし
・本来ならエネルギー庁を所管する経産大臣の所管でしょうが何か闇を感じる
・公安が河野を調べそうな案件だから泳がせてしばらく様子見してんですかね
・ロゴ資料提出した大林ミカをＴＦメンバーに指名し任命したのは河野太郎でその時点で不適切
・不適切な大臣の判断は全部不適切なのでは

●令和6年4月19日 YouTube 動画

【河野太郎「接種2億回でも死者ゼロ」コロナワクチン被害者遺族「担当大臣による被害の隠蔽！」国家賠償請求集団訴訟に発展、あーあこれどうすんの私を訴えてる場合じゃないのでは】

https://www.youtube.com/watch?v=ROGdDnpH8wQ

4月17日、新型コロナワクチン接種後に死亡した遺族13人が、国を相手取って集団提訴

国に総額9152万円を求める根拠として河野太郎の過去発言「アメリカでは2億回打ってワクチンで死んでる人は1人もいない」を取り上げ（以下略）

https://mdpr.jp/news/detail/4256192

＊世論＊

・エゴサおじさん
・ハードル上げおじさん
・当時のワクチン担当大臣として河野太郎は責任を取れ
・そりゃ大臣が言ったことなんだから責任問われて当然
・びっくりするぐらい無能で性格も悪い
・ワクチンの全責任は俺が取るかーらーのー被害者全員ブロックしてデジタル庁

へ逃亡

＊私見＊

・当時ワクチン担当大臣だった河野太郎のこの発言がなければ「国が隠蔽」したことにならなくてこの訴訟も起こせなかった

・「2億人うって死亡0」河野太郎は何を根拠にこう言ったのか気になる

・この裁判中に「何を根拠にそう発言したか」を証言させる証人として法廷に河野が引きずりだされるとええですな

・私が河野太郎に名誉毀損で訴えられてる裁判でも河野太郎を法廷に立たせたい

・「なぜ河野一族中共の犬と書かれて名誉毀損と感じたか」を証言させるよう裁判官に要求してみようかなっと

●令和6年4月21日 YouTube 動画

【河野太郎「一般人を名誉毀損で訴えてます」これ私だw 勝手に「事実無根の誹謗中傷をしつこくしている人」にされちゃってますわw 事実無根かどうかは裁判で決着つ

けるから好きにホザいてろｗ】

https://www.youtube.com/watch?v=BIkfhIR6jJI

4月18日更新 河野太郎公式ブログより

https://twitter.com/mk00350/status/1781879455545438402

「一般人を裁判で訴えているというのは本当ですか？」

ネット上で事実無根の誹謗中傷をしつこくしている人を名誉毀損で訴えています。他人を誹謗中傷しておいて、私は「一般人」だから訴えないで、ということは、ものの道理として通らないと考えます。ネット上の誹謗中傷やいやがらせは誰に対してもゆるされないということを徹底しないと、ネット上でのいじめを野放しにすることにつながります。（以下略）

これｗｗｗ私のことだｗｗｗなんか知らないけど「事実無根の誹謗中傷をしつこくしている人」にされちゃってますわｗｗｗ

＊世論＊

・どこまでも、開き直るつもりなんですね
・既にワクチンに関して相当追い込まれているのに、まさにへらず口
・国会ひいては日本からも出ていってもらいたい
・デジタル担当大臣が再エネＴＦだなんて道理が通らない
・批判が嫌なら議員辞めちまえ
・責任は負わない、嘘を吐く、誰彼構わず脅すゴミが国会議員
・河野太郎の発言を並べるだけで勝てそう
・根拠ありありの指摘だから過剰反応しちゃうんかな
・裁判の勝ち負けとは別に、ほとんどの国民は「中国の犬」だと思ってますからね

＊私見＊

・河野太郎、黙ってらんないんですなw
・私をスルーできずに訴えちゃったことからもわかりますけど

・国会一のスルー力の無さじゃなかろうか
・罵声も怒号もガン無視の志位和夫や福島みずほとは大違いｗｗｗ
・自分だって「コロナワクチン２億回接種でも死者ゼロ」発言で「ワクチン担当大臣による薬害の隠蔽！」と国家賠償請求されちゃってんのに私を訴えてる場合じゃなかったねｗ
・裁判で勝てたら、というかこちらの言い分の一部でも認められたら「事実無根の誹謗中傷」と私を中傷したことも問題になるのにねｗ
・事実無根＝完全に何も無いという意味の絶対語＝完全・完璧・皆無・絶対など、状態が１つしか無い言葉
・すこーーーしでも「河野一族中共の犬っぽいよな」と裁判官が判断したらこの言葉も私への中傷ですよね
・これに対して「現職大臣が一般人を事実無根の中傷する人と中傷した」と訴えることも可能かどうか相談してみよっと

●令和6年4月22日 YouTube 動画

【河野太郎「ワクチン安全性の承認に関わってない」国家賠償請求から逃亡開始、関わってなくても担当大臣として「2億回接種でも死者ゼロ」と嘘ついて安全を請け負ったんだから責任が無いとはならない】

https://www.youtube.com/watch?v=AbwRIYB4prw

●令和6年4月26日 YouTube 動画

【河野太郎に訴えられてる件が「月刊 WiLL」に載りました！】

https://www.youtube.com/watch?v=SutlgZaG42I

本日発売「月刊 WiLL 6月号」私が河野太郎に訴えられていることを掲載してくれました

●令和6年4月27日 YouTube 動画

【政府自身がネットデマを監視し削除要請できるように法務省令改正、河野太郎の「2億回でも死者ゼロ」はアウトでは？】

https://www.youtube.com/watch?v=21_aq9AGqBY

日本政府、感染症のデマ対策としてＳＮＳなどの事業者に投稿削除要請ができるよう法改正する方針
未知の感染症限定ではなく平時からデマを常時監視を実施する
強制力や罰則は今のところ含まれていない
https://news.yahoo.co.jp/expert/articles/3f254e04210d70d1ef1997218３bfbabdc6e9e246
政府が感染症対策の名のもとに「偽・誤情報」のモニタリング（監視）を行う方針であることが、４月２４日公表された「新型インフルエンザ等対策政府行動計画」の改定案で明らかとなった。（以下略）

＊世論＊
・検閲キター
・デマ太郎逮捕
・政府が出す誤情報は誰が監視するの

・デマ太郎をしっかり監視してくれ
・あのワクチン推してデマ発信してたやつのことか
・遂に反ワクが排除されるのか
・よっぽど都合が悪いんだな
・科学的根拠が不確かなワクチンを接種させた人達が居ましたよね？
・政府の発表に疑問を持つなと言いたいのかな？
・政府発信の誤情報はスルーか？
・どんどん中国北朝鮮のようになっていく

＊私見＊

・河野デマ太郎「2億回接種で死者ゼロ」こういうデマを削除要請できるってことですかね
・ワクチン担当大臣が吐いたワクチン推しの嘘＝日本政府自身の嘘ということで国家賠償請求訴訟を起こされてんでしょうが
・監視する側の政府は正しいってのがこの一事で否定されてんでしょうが

・今のところ削除要請に強制力は無いというが、ツイッタージャパンだってインスタＦＢのメタ社だって政府に言われたら拒否は難しいのでは

・罰則は無い、も「今は」で河野太郎のような気に入らない事象はどんどんブロックて狭量で攻撃的な奴が政権中枢に居座ってたらそれもどうかわからない

・河野太郎が人を痛めつけるのが好きな奴ということは民間人の私を訴えたことから分かりますよね

・今のところ「感染症関連」限定だがそのうち政府がデマ認定する投稿すべてに適応されそう

・増税メガネは削除されるようになってしまうかもしれない

●令和6年5月2日 YouTube 動画

【河野太郎が自民党に連れてきた英利アルフィヤ（本名非公開）「外国人支援！画期的ぃ！」今日も外国人のために働き ＮＨＫ もそれを応援】

https://www.youtube.com/watch?v=lHaL30x2Hks

法務大臣「外国人対応窓口の専門家を３００人養成します」
河野太郎がどっかから連れてきた元中国共産党員で未だに本名非公開のえりアルフィヤ議員「来てくれる外国人を支援しようって海外でもあまり聞いたことないです、画期的」早速中共の犬やってますな
https://twitter.com/moeruasia01/status/1785848422245052754

＊世論＊

・ヨソがやっていないということは、やらない方がいいからやらないだけだぞ
・何が画期的だよ普通はやらんよ
・始まったよ、 ろくでもないやっちゃ
・でたでた本性
・当選する前から正体分かってた
・外国人を増やして日本から日本人を追いやることが目的
・スパイを議員にしてはいけない典型的な例
・来てくれって頼んで無いけど

・前例が無いことはやらない方がいいこと
・日本に居る日本人を支援しろよ
・ＮＨＫがやたらこいつの名前を連呼して援護してた
・帰化人を国会議員にするとこうなるわ
・他国で聞いたことないって事はやらない方がいいって事すら分からないのか
・画期的じゃなくて異常でしょ

＊私見＊
・アルフィヤは１０歳の時に日本に帰化した元中国人
・経歴は日銀職員国連職員、さぞかし中国共産党のコネと援護をフル活用したんでしょうな中国共産党のお気に入りじゃないとこうはならない
・アルフィヤ父は中国ずぶずぶニトリの役員、中国人だが帰化してるかどうかは分からない
・中国共産党の幹部クラスじゃないとニトリの役員にはなれないんじゃないですかぁ

・ニトリの中国での商売の中国共産党の窓口役なんじゃないですかぁ
・中共の犬、河野太郎とアルフィヤの接点はジョージタウン大学
・年代は違うが同校出身ということで
・河野かアルフィヤのどちらかが中国共産党スパイ名簿で「ジョージタウン大出身のスパイおらんかな」って探したんじゃないんですかぁ
・河野太郎が連れてきたアルフィヤを情弱馬鹿の茂木が承認、河野と一緒に応援演説にも入ってたな
・法務省がやる「窓口専門家３００人の育成」これ入管のことだと思うぞｗ
・「外国人支援どこもやってない」じゃなくて「外国人支援を中国はやってない」アルフィヤにとって「外国」＝中国のことなので
・どこもやってなくてないしどこもやってないならやらないほうがいいからであって
「画期的じゃなくて異常」そのもの
・ＮＨＫがアルフィヤの名前を連呼して宣伝してるとは知らなかったテレビが無いので

・河野太郎同様にいずれ中共スパイを大臣候補あわよくば総理候補にしようとしてんですかね
・「帰化1世の立候補禁止」「帰化2世でも片親が日本人でなければ立候補禁止」にすべき
・アメリカ大統領候補は3代前まで遡ってアメリカ人じゃないと立候補できない
・超個体の日本もそうすべき

●令和6年5月10日 YouTube 動画
【河野太郎「偽造カードは見破れる、目視で！」目視ってwそんなアナログなwデジタル大臣が言っていいセリフではないw】
https://www.youtube.com/watch?v=V-XBhEhaqhM

偽造マイナカードによる犯罪多発をうけ河野太郎デジタル大臣「目視でも丁寧にカードをチェックすれば偽造は見破れる」と断言、何を根拠に
既存のチップ読み取りアプリの有無を調べ存在しない場合はデジタル庁が開発して無

料配布する方針（以下略）

そんなことも調べないで記者会見やったのかぁ行き当たりばったりの後手後手がすぎるぞ

https://news.yahoo.co.jp/articles/9ea205fb5bdc2cdf1d94cae07fb336f7aa6de549

＊世論＊

・目視で確認とか本末転倒では
・目視とかアナログ過ぎんだろ
・なんで偽造対策してねーんだよ
・失策を民間に丸投げってすげーな
・窓口でいちいちチップの読み取りをしろって通達出せよ
・対策されてもより精巧な物が出てくるだけじゃねーの？
・目視とかいうワードが出てくるデジタル大臣やべー
・デジタル大臣がこの低レベル

＊私見＊

・「目視すれば見破れる」デジタル大臣が言うセリフではないですなwやっぱこの人知能に何か問題あるんじゃないかとw

・誰もが思いつかないことをやる！言う！それが河野太郎

・「所管外所管外」「次の質問次の質問」で多くの敵を増やしてるのもこの一環

・1人の味方を増やすのに10人の反感をかったらいずれ立ち行かなくなりますが河野太郎の命運はそろそろ尽きかけてないか

・次の総理ランキングも上川外務大臣に抜かれて2位から5位ぐらいに転落しちゃったしね

・私の裁判でとどめ刺すようがんばります

●令和6年5月16日 YouTube 動画

【河野太郎中国企業ロゴ事件を朝日新聞が全力擁護で答え合わせ完了、嫌いな自民党の中でも太郎は別格の模様、同じ「中共の犬」仲間でかばい合ってんでしょう】

https://www.youtube.com/watch?v=XeN65BpjSRo

朝日新聞、社説で河野太郎と大林ミカを大応援

「中国企業ロゴは単なる事務のミスだ！」

「政府は疑念が解消するまで再エネＴＦは休止としているが宙吊り状態は避けるべきだ！」

「大林ミカと自然エネ財団の復権を」

原文読みましたが朝日は「べきべき」うるさいんだよ倒産しろ

https://www.asahi.com/articles/DA3S15933225.html?ref=tw_asahi

エネルギー政策をめぐる有識者会議の提出資料に中国国有企業のロゴが入っていた問題で、政府の調査が長引いている。資料を出した委員や所属団体は、他省庁の意見聴取の対象からもはずされた状態だ。議論の多様性を確保するためにも、「宙づり」状態の解消を急ぐべきだ。（以下略）

＊世論＊

・答え合わせ完了
・必死だなｗ
・単なるミスならなぜ委員を辞任したんだ
・れいわの大石あきこも同じ様な事言ってたな
・朝日がそういうなら再開しない方が
・中国に尻尾振るのも大変ですな
・さらに怪しくなってきたよな

＊私見＊

・みんな知ってる「朝日の逆が正解」
・「単なる事務ミスだ」＝事務ミスではない
・「ＴＦを再開させるべきだ」＝永久に開催すべきでない
・「中国との関係を示す材料とは言えない」＝材料です
・河野太郎と朝日新聞は中共の犬同士かばいあって中共に指令を受けた目的達成

にがんばってんでしょうな
・私が河野太郎に訴えられてることもテレ朝ではやりそうもないな

●令和6年5月18日 YouTube 動画
【河野太郎、法廷での本人尋問を拒否！ 裁判官「じゃどうやって精神的損害を証明するんの」当方弁護士「原告が証言しない名誉毀損裁判は見たことがない」大臣が出廷したら報道が凄そう、是非引き摺り出したい】
https://www.youtube.com/watch?v=9WwNOATzCmo

株主が11人しかいない非上場の河野一族の同族会社「日本端子」が中国で元気に3つの子会社を展開中
これを受け「河野一族中共の犬」とブログに書いたら河野太郎に訴えられました
5月14日 裁判官と双方弁護士による河野太郎裁判第2回口頭弁論（非公開）
河野側「本人尋問は必要無いので申請していない」
当方側「数多くの名誉毀損裁判を経験してきたが本人尋問が無かったことは一度も

無い」先生は年齢８０歳位で経験は十分以上です
裁判官「本人尋問せずにどうやって本人の精神的損害を証明するのか」
河野側「・・・・」
ということがあったと報告受けました

あちら側はどうしても太郎本人を法廷に立たせたくない模様
さすがに現職大臣が法廷で証言てことになったらテレビも新聞も報道せざるを得ないんじゃないの
今は中共の犬同士「報道しない自由」で必死にかばってますが
こちら側はもちろん太郎本人を法廷に引き摺り出したい
名誉毀損裁判で原告が法廷に出てこないことがイレギュラーらしく、裁判官もそれに同調してる様子、太郎側弁護士は「困った困った」でしょうな
河野太郎出廷の時の傍聴席倍率、すごいことになりそうです
さらに当方側「現職大臣が一般人を民事の名誉毀損で訴える奇態」意見提出、奇態ていうか史上初ですもんね

裁判官３人のデラックス裁判に変化したし裁判所もこの件を持て余してるようで、２回までで次は公開と聞いていた口頭弁論、もう１回やることになっちゃいました

次は６月２１日にやはり非公開で開催予定です

それと裁判官がこちら側が提出した「思い上がったクソ野郎は無罪」東京高裁が出した判例に食いついていたとのこと

れいわの大石あきこがジャーナリストの山口敬之さんを罵った裁判で高裁が「いやぁ・・クソ忙しいって表現もあるし・・・」歯切れの悪い理由で無罪にしちゃった件

裁判官、この判例を知らなかったようで「えっそうなの」という感じだったと「クソ野郎が良くて犬がダメってどうなの」という考えに至ったのではないかと

今後も裁判の進捗状況は報告していきますー

●令和6年5月22日 YouTube 動画

【河野太郎と民事訴訟法第２０８条、本人尋問の必要性を裁判官が認めた後にこれを

拒否するとこうなりますｗ当方弁護士「いやぁ被告が原告を法廷に呼びつけるなんてやったことねーわｗ」どこまでも規格外】

https://www.youtube.com/watch?v=lC4kFMeGjqc

河野太郎が原告のくせに「必要無い」って主張して出廷を拒否してる件、賢者さんが民事訴訟法２０８条を教えてくれましたー

第２０８条　当事者本人を尋問する場合において、その当事者が、正当な理由なく、出頭せず、又は宣誓若しくは陳述を拒んだときは、裁判所は、尋問事項に関する相手方の主張を真実と認めることができる。

弁護士先生「本人でてこない名誉毀損訴訟なんか見たことねーよ！」裁判官に言ってくれたぐらい有り得ないことらしい。

通常民事の名誉毀損は原告側が本人尋問を申請するのが当然オブ当然らしいんですが、今回はその当然が破られる常識外れだったが「こちらからも本人尋問できるから」なるほどこちらからも太郎出廷を要求できるのかと「けど出てきても出てこなくても既に裁判官の心証は悪いよね」とのこと。

裁判所にしてみれば現職大臣が一般人を民事の名誉毀損で訴えることがそもそも史上初で「えっ！」だし名誉毀損の原告が本人が出廷しないって言ってるのも「えっ！」なことらしく。

この裁判、裁判所にとっても弁護士先生にとっても規格外でまるで「トゥーランドット で誰も寝てはならぬを飛ばした」「カルメンがハバネラ無しで無言で始まった」「道化師が衣装を着けろを歌わなかった」「レミオロメンがライブで粉雪を歌わなかった」ぐらいの衝撃。

全くおもしろい裁判になりそうです応援よろしくお願いします

●令和6年6月4日 YouTube 動画
【河野太郎、再エネTF自体を廃止し中国企業ロゴ問題から逃亡！「問題無いが廃止する」って一体どゆこと？「次の質問」で記者から逃げ「所管外」で答弁から逃げ、完全に逃げ癖ついた「逃げ太郎」】
https://www.youtube.com/watch?v=NSZ12FhGbRM

河野太郎の再エネＴＦ廃止「議論の内容そのものに問題はなかったが、一定の成果を上げたこともあり、廃止したい」

中国国営電力会社のロゴ入り資料を使ってて「わが国のエネルギー政策が中国共産党の影響下にあるのでは、つうかなんででデジタル大臣が再エネ政策会議の座長なんだ」とツッコミがあった会議自体をやめちゃうんだってー

https://www.moeasia.net/archives/49751678.html

再生可能エネルギーに関する内閣府の有識者会議の資料に中国企業のロゴマークが付いていた問題を巡り、河野太郎規制改革担当相は４日の記者会見で、同会議を廃止すると発表した。「議論の内容そのものに問題はなかったが、一定の成果を上げたこともあり、廃止したい」と述べた。（以下略）

＊世論＊

・逃げたｗｗｗ
・なんかバレたんか？
・一定の成果って具体的に何

・問題なかったけど廃止しますってどういうこと
・蓋して逃げて所管外と
・こいつがやること全部怪しい
・証拠隠滅大臣
・会議廃止だから書類も資料も全部廃棄処分
・バレたから証拠隠滅を図ったか
・名前を変えてシレっと復活
・河野太郎に中国共産党が入り込んでる証拠

＊私見＊

・会議廃止で書類廃棄処分、うーんありそう
・よっぽど調べられたくない会議だったのだなぁ
・こういうのは廃止で終わりにせずに徹底的に調査してほしいよなぁ
・なんか太郎って逃げ癖あるよね
・「次の質問」「所管外」でまともに答えないとか

・私を訴えてる裁判も途中で取り下げとかされて逃げられたらおもしろくない
・その時は「河野一族は中共の犬と河野太郎が認め引き下がった」「河野一族は中共の犬って書いたり言ったりするのはオールオッケー」と大騒ぎします皆様も拡散にご協力を
・それと訴えられたことで消費した時間とお金の弁済を求めて河野太郎を訴えます
・「現職大臣という権力者に訴えられて夜も眠れませんでした！精神的苦痛がすごかった」と主張してそれの謝罪と賠償も求めます

●令和6年6月10日 YouTube 動画
【河野太郎の落ちぶれ方が凄いと話題に】
https://www.youtube.com/watch?v=kawolzFX90E

ネットDE議論「一時は総理候補だったのに河野太郎はどうしてここまで落ちぶれたんだ？」おもしろかったんでご紹介

https://greta.5ch.net/test/read.cgi/poverty/１７１７４９５２１９/

＊世論＊

・庶民憎悪がすごすぎる
・言動が気持ち悪い
・生理的に嫌
・態度はでかいし言うことも偉そうだが、実務はさっぱりのポンコツ人間だから
・世襲ボンボンはどこまで行ってもポンコツ馬鹿
・運び屋でコオロギ
・声だけデカい無能
・世襲パワハラおじさん
・幼稚なまま年取っただけの男
・心の醜さが顔にそのまま出てるタイプ
・自分は有能だと勘違いした無能の成れの果て
・ブロック以外の能力がなかったから

・痼癪持ちで世間知らずのボンボンだってバレちゃった
・すぐキレるわ無責任だわ
・俺のせいじゃねーっていつもキレてる
・謝ったら死ぬ病に罹ってるから
・滅茶苦茶独善的で器が小さくすぐ発狂
・典型的ハラスメント人間
・やる気のある無能感がすごい
・総理になる前にこいつの人間性がバレて良かった
・育て方と素材が両方ゴミだった

＊私見＊

・くつざわ「河野一族中共の犬」
・河野太郎「ギャオォォォォン！」
・現職大臣として史上初の民事の名誉毀損で一般人の私を提訴
・6月21日にその裁判の「第3回口頭弁論」が非公開で行われます

・裁判官と双方弁護士だけで行われる会合ですが前回「本人出廷は必要無い」って太郎側弁護士が言い出してこちら側弁護士も裁判官も「えっ！」
当方弁護士「本人が証言しない名誉棄損裁判、見たことねー」
裁判官「本人が証言しないでどうやって精神的損害を証明すんだよ」
第３回口頭弁論で、当方側から本人出廷を要求します。
当方弁護士「被告が原告を呼びつけるのｗｗｗやったことないｗｗｗ」
本人が出廷しなければ「その程度の精神的損害なんでしょ」ということで当方有利となるんですうが不利になってもかまわないんで出廷要求します。
傍聴席もすごい倍率になりそう。

史上初現職大臣が一般人を名誉毀損の民事提訴、異例中の異例名誉毀損裁判で原告本人が出廷拒否のおもしろネタをいまだ報道してない世界最低の日本のマスゴミですから、太郎が出廷してもテレビ新聞はこれをどっこも報道しない事態も想定してます。

●令和6年6月18日 YouTube 動画

【河野太郎、もう逃げられないｗ期間終了で裁判の取下げできないｗ本人の出廷を強く要求してきましたｗ河野側弁護士の反論に数々の矛盾発見】

https://www.youtube.com/watch?v=r5tiIL３mbFY

６月２１日に開催される河野太郎名誉毀損裁判 第3回口頭弁論（非公開）に備えた打ち合わせを、当方弁護士と行なってまいりました。原告の河野側が一方的に提訴を取下げることは出来ない段階であることを今日知りました。訴え取下げで太郎に逃げられることを心配していたので安心しました〜

●令和6年6月20日 YouTube 動画

【河野太郎には「請求の放棄」＝無条件降伏で裁判から逃げる手段が残っていた事が判明、だが、もし逃げたら逆に訴えて今まで損耗した時間と金銭と精神的負担の謝罪と賠償を要求します！絶対許さない！】

https://www.youtube.com/watch?v=gO-oqmLKHSc

河野太郎に訴えられてる裁判
「取下げ」は原告が一方的に可能ですが、すでに「取下げ」可能な期間は終了、今は
こちらの同意がないと「取下げ」できない状態、当然同意なんかしないのですが
X（旧Twitter）で、徳永信一弁護士@tokushinchannelに「請求の放棄はできる」
と教えていただきました！
調べたら「請求の放棄」＝原告側の無条件降伏なので弁護士としてはできればやり
たくないことらしいが、原告本人河野がやる気を無くして「降伏でいい」となったら
弁護士はやらざるを得ないらしい。
とある弁護士さんのブログから、原告が請求の放棄（＝無条件降伏）を言い出した
ら弁護士的にはそれを回避すべく被告に請求の取下げの合意を求めてくるであると
か、請求額を下げる（一部放棄）ことを原告に納得してもらうとかをするそうで、「請
求の放棄した経験が1回だけありました」裁判で取下げに比べて請求の放棄は激レア
案件だそうで。
そりゃそうだよね訴えておいて途中でもういいですって言いがかり難癖つけといて
途中で逃走するようなもんで。

明日21日第3回口頭弁論（非公開）ありますー また経緯をお知らせします

●令和6年7月3日 YouTube 動画

【河野太郎、ヤジにブチ切れ有権者を「ヤカラ」呼ばわりしてしまうw本当に煽り耐性無いのなwブロックしまくるし】

https://www.youtube.com/watch?v=ljqRBiiiGFw

河野太郎デジタル大臣、足立区で都議会補選の応援演説

「裏金を説明しろ」ヤジを飛ばす猛者登場

スルー力皆無の太郎「ユーチューブの再生回数を増やしてお金を稼ごうと邪な考えで選挙妨害に近いことをやる人が増えてきた。こういう輩を許してはならない。人がしゃべっているときに大きな声を上げる。選挙にも、国の未来を作ることにも何の役にも立たない」お前は中国のスパイやって国の未来を壊してるけどな

https://news.yahoo.co.jp/articles/7bd7fbcb34a724eddaf31265a81dae60169c12bf

自民党の河野デジタル相は2日、東京都足立区で行った都議補欠選挙の応援演説で、

「（動画投稿サイトの）ユーチューブの再生回数を増やしてお金を稼ごうと、よこしまな考えで選挙妨害に近いことをやる人が増えてきた」と述べた。

聴衆の男性が河野氏らにスマートフォンを向けながら繰り返し、「裏金を説明しろ」などと大声を出していたことへの発言とみられる。河野氏は「こういうやからを許してはならない。人がしゃべっているときに大きな声を上げる。選挙にも、国の未来を作ることにも何の役にも立たない」と訴えた。

＊世論＊

・逆ギレ太郎
・いや裏金の説明はしろよ
・自分に反対する人を即ブロックするくせにｗ
・許してはならない相手が違うだろ
・国の未来ために裏金を作ってんの？
・後ろめたいかたこういう返ししかできないよね
・だってお前質問に答えねーじゃん

・要するにデジタル大臣は裏金の説明をしたくないってことだろ
・説明せずに威張っててもしょうがないだろ
・お前が国の未来を作るのに邪魔してるんだよ
・こんな人が総理大臣やりたいなんて勘違いも甚だしい
・そこは「次の方どうぞ」で笑い取りにいけ
・さえぎって怒らせてるだけなのに口喧嘩強いと思ってる人いるよね

＊私見＊

・「人がしゃべってる時に大声」太郎は自分がしゃべってる時は万人がそれを静かに傾聴すべきと思い上がってるようで
・骨髄まで沁み憑いた傲慢さが言葉によく出てていいですな
・麻布大学時代、大学病院に珍しいケースの中型犬が入院しましてレントゲン撮ると脳の半分ぐらいが液状化してるんですが普通に起きて普通に飲んで食べて普通に生活してました
・人が「おかしい」て分かるのは話すから、なんですわ

・「ご飯まだかの」「おじいちゃんさっき食べたでしょ」これでおかしいって分かる
・犬は話さないから明らかに脳が異常でも分かりにくい分からない
・河野太郎も話さなきゃいろいろバレないのにねｗ
・私を訴えてることから分かるように煽り耐性ゼロとか
・傲慢さがよくでてる俺の話を黙って聴けとかね
・「国の未来を作ることにも何の役にも立たない」太郎は中共の手先となって国の未来を破壊中じゃないか
・太陽光パネルのために山林切り開いて自然破壊と土砂崩れ災害起こしてるじゃんか
・親父の洋平８７歳は今も元気に中国詣でやってるし
・売国奴のサラブレッドですな

●令和6年8月18日YouTube動画
【河野太郎のネット掲示板が異常、どんな政治家も必ず「叩き」と「擁護」があるが

太郎のだけは「叩き」一色で擁護皆無、こんな板見たことが無い 本当に右からも左からも嫌われているのだなぁ 240818】

https://www.youtube.com/watch?v=IKhyXJ7rzhc

共同通信「河野太郎 週内にも総裁選出馬記者会見」
河野太郎「私も知らない私のことを…。適当に流して当たったらほらねっていうのはやめてほしい」
でもやるんでしょ記者会見
取り上げられて嬉しかったようでつい「見て見て俺を」と反応してしまった模様
http://www.kokunanmonomousu.com/article/504417623.html

＊世論＊

・次の質問どうぞ
・出るくせにいちいち何言ってんだ
・ほらね?予防線張るだろ?

・デマってコロナとかマイナンバーのことか？
・そんなこと言われても我々の所管外です
・こいつほどのペテン師は他には居ない
・太郎総理だけは絶対に嫌
・おまえは所管外のこと発言するなよ
・おっさんのメンヘラは有害
・いちいち文句言うから小物感が凄い
・総理になったら「所管外です！」とキレながら言いそう
・売国奴河野は徹底して排除されるのが正しい

＊私見＊

・いやあ河野太郎を擁護するコメント皆無で驚きました
・これが高市さんや杉田さんのスレッドだったらすぐさまパヨやVANKSやホロン部や五毛が駆けつけギャーギャー騒いで滅茶苦茶にするし、山本太郎のスレなら山本がどんな奇怪で支離滅裂な言動をしてもパヨ連帯が奇怪で支離滅裂な擁護

を全力で展開するもんだが
・河野太郎のスレッドだけは全面叩きばかりで平和そのもの
・本当に右からも左からも嫌われてるのだなぁとしみじみ
・マイナ保険証で成りすまし受診ができなくなりそうなパヨ連帯から嫌われ
・麻布食品と日本端子と親父の談話とコオロギと再エネTF中共企業ロゴ資料問題とワクチン運びに対する無責任発言で右から嫌われ
・「次の方どうぞ」「所管外です」で質問や答弁から逃げ回って一般から嫌われ
・それでも足りずに「河野一族中共の犬」て大して閲覧数も無い個人ブログに書き込んだ私を名誉毀損で訴え
・何が楽しくて生きてんだろwこの人w
・麻生さんが出馬を了承したと報道あったけど
・麻生さんが応援を懇願する茂木幹事長に「麻生派50人は派閥から出る河野太郎を応援するのが筋」と答えて茂木をハネつけたと報道ありましたが
・麻生派ってのは麻生さんを総理にしたい集まりであって河野太郎を総理にしたい集まりじゃぁ無いんだなぁ

・麻生さんの号令がかかっても当然馬鹿でそのくせ傲慢な太郎を嫌ってる人もいるわけで、むしろそっちの方が多いわけでそううまくいくかなと

第7章 街頭演説

河野太郎について、定期的に街頭で周知演説（政治活動）を行なっています。都度、YouTubeとX（旧Twitter）で発信しています。

・令和５年１１月１１日 新宿駅西口

https://www.youtube.com/watch?v=kiTwGI8NZN0

・令和５年１１月２５日 大塚駅

https://www.youtube.com/watch?v=Q9HCC48siaA

・令和６年２月１日 池袋駅東口

https://www.youtube.com/watch?v=sss-eITYbRI

・令和６年２月１６日 新宿駅南口

https://www.youtube.com/watch?v=CE8ywUbWV7o

・令和６年３月１４日 日暮里駅

https://www.youtube.com/watch?v=d4iV12YT9BM

・令和６年３月１７日 品川駅

https://www.youtube.com/watch?v=VFt7TzIrRsM

・令和６年３月２０日 町屋駅

https://www.youtube.com/watch?v=mp5_QXAxXIU

・令和６年３月２７日 熊野前駅

https://www.youtube.com/watch?v=yuMEq1TjOw8

・令和６年４月１１日 南千住駅

https://www.youtube.com/watch?v=r62EmWcXrFE

・令和６年５月１６日 日暮里駅

https://www.youtube.com/watch?v=Jp7FydcGCc8

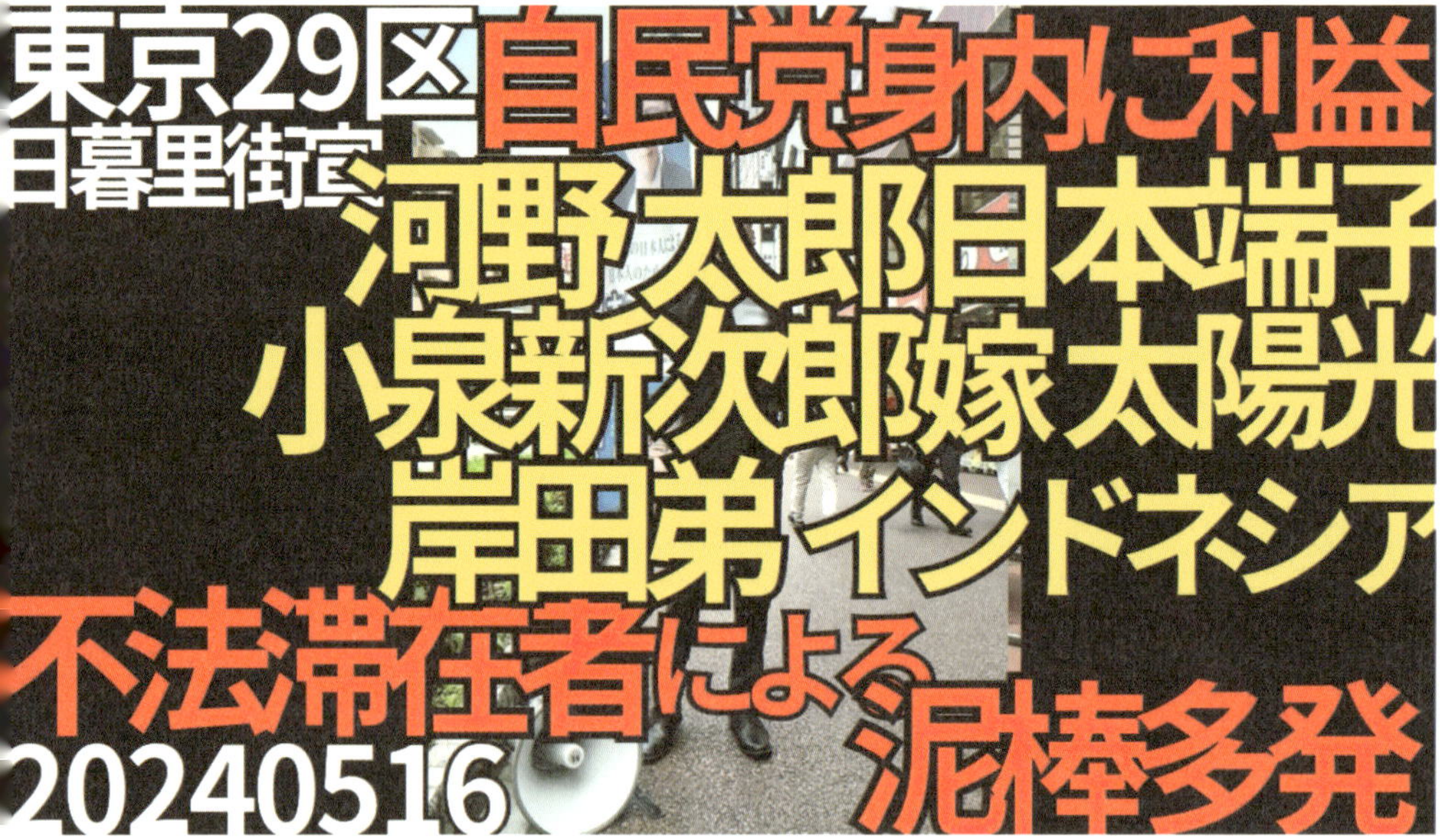

・令和６年５月２２日 江北駅

https://www.youtube.com/watch?v=tGO9maD1f0Q

・令和６年５月３０日 三ノ輪駅

https://www.youtube.com/watch?v=CJDT7sX8kf0

・令和６年６月５日 西新井大師西駅

https://www.youtube.com/watch?v=VnwS6GjgLec

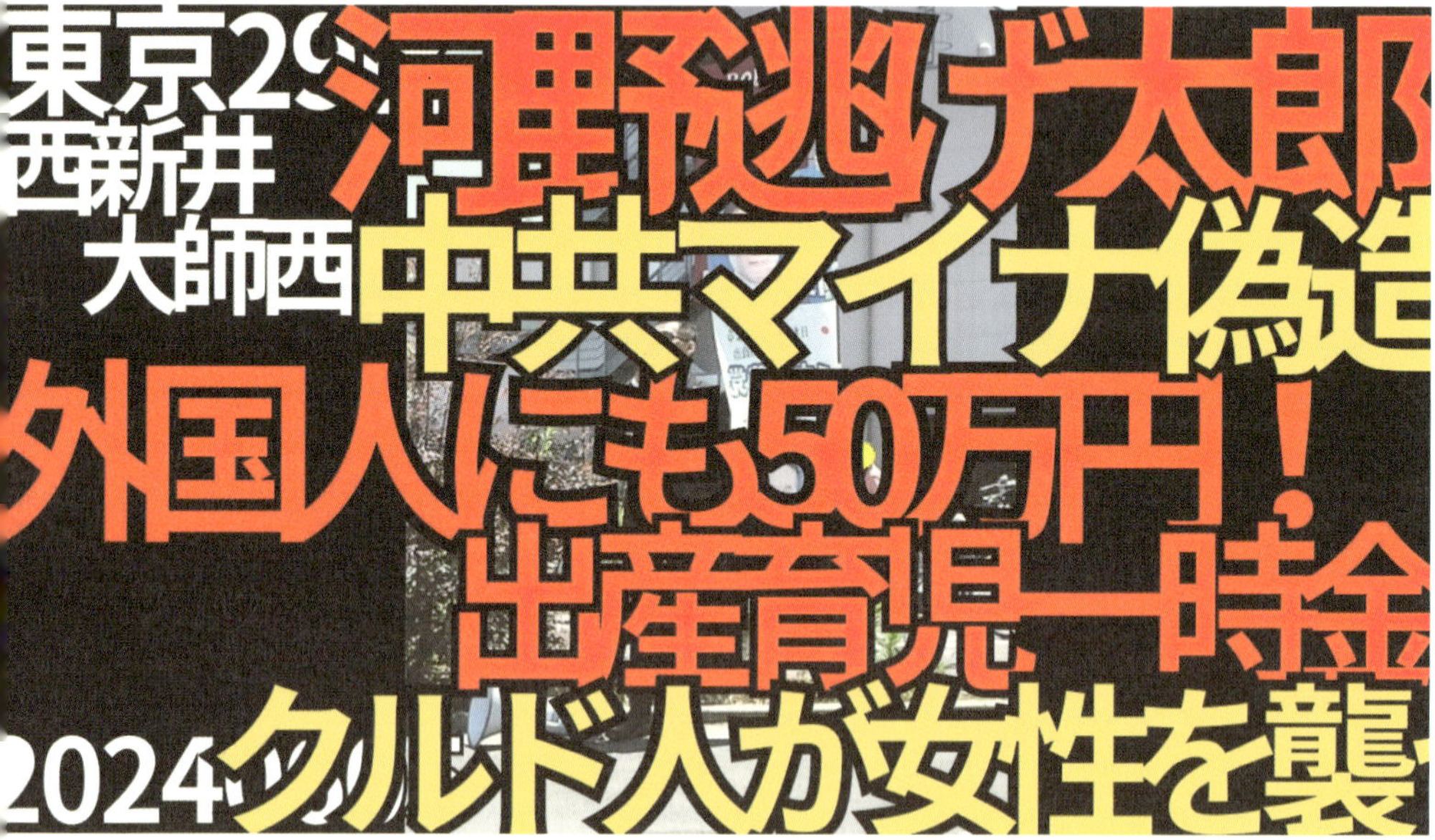

・令和６年６月１１日 南千住駅

https://www.youtube.com/watch?v=vgHyRs6XZLQ

あとがき

この本が世に出る頃、裁判が続行されているか、それとも、河野太郎が請求の放棄を行なって（逃げて）裁判が終わっているか、現時点で正直わかりません。

いずれにしましても、現職大臣が一般人を名誉棄損で訴えた、ということは事実に違いありませんので、記録し、多くの方に知ってほしいという思いで書きました。

同時に、前代未聞の訴訟を、半年以上過ぎても報じないテレビ・新聞が異常であることも伝えたいと思っています。

日本のマスコミは、報道の自由度ランキング、世界70位です。（2024年）

エジプト出身のタレント、フィフィさんによりますと、「こんなに自由に政権批判させてくれる国も珍しいし、でっちあげる。報道してもおとがめなく存続させてもらえるなんてすごいよ、日本。報道しない自由度ランキング〝ではぶっちぎりの1位になるよ」とのことです。

在日ウクライナ人のナザレンコ・アンドリーさん、Xで「特定野党や左翼団体への批判が許されず、事実を伝えることではなく民主的に選ばれた政権をたたくことこそメディアの役割だと信じ切っている記者だらけだ」と指摘したそうです。

日本のマスコミは、報道しない自由を存分に発揮しているなあ、と常々感じています。

２０２４年8月半ば過ぎ時点、河野太郎が自民党総裁選に出馬の意欲がある旨伝わっております。

かような中国共産党とズブズブでな人物が、万が一でも日本の総理になることは絶対にあってはならないことです。

地元で圧倒的な「力」があることは伺い承知しておりますが、河野太郎の選挙区神奈川１５区有権者の方々に、氏の真実の姿・言動を知って頂き、賢明なご判断をなされますことを切に願っております。

最後になりましたが、この本の制作にあたりまして、＊世論＊として、名もなき聡明なネット一般人の皆様の声を引用させて頂いております。皆様のお陰で成り立った本であると申しても過言ではありません。日々、気づかせて頂いたり、学ばせて頂いたり、笑いのセンスに脱帽したり……、いつも感謝しております。この場をお借りしてあらためて御礼を申し上げます。

ご支援、応援してくださいました皆様、深く御礼申し上げます。

執筆中の8月、わたくしに難病（指定51全身性強皮症）が判明しましたが、今後も怯まず、様々な場で発信し、闘い続けてまいります。宜しくお願いいたします。

この本の発刊を実現して頂きましたライティング出版様、ご担当者様、すべての皆様に、心から感謝申し上げます。

くつざわ

・YouTube くつざわチャンネル
https://x.gd/nIrGe

・ご支援のお願い

三菱 UFJ 銀行、ゆうちょ銀行
https://x.gd/xSRBL

クレジットカード
https://x.gd/v8S8W

■著者プロフィール
くつざわ
・獣医師
・元豊島区議会議員
・メール：kutsuzawaryoji@gmail.com
・X（旧 Twitter）：@mk00350
・YouTube：くつざわチャンネル
https://www.youtube.com/@ くつざわ

河野太郎に訴えられました

〈検印省略〉
２０２４年１０月２２日　第３刷発行
著　者――くつざわ
発行者――高木伸浩
発行所――ライティング株式会社
〒 603-8313 京都市北区紫野下柏野町 22-29
TEL：075-467-8500　FAX：075-467-8502
発売所――株式会社星雲社（共同出版社・流通責任出版社）
〒 112-0005 東京都文京区水道 1-3-30
TEL：03-3868-3275

印刷製本：渋谷文泉閣

ISBN978-4-434-34740-5 C0032 ¥1000E